LES DESSOUS

DE LA

POLITIQUE EN ORIENT

PAR

UN ALLEMAND

TRADUIT DE L'ANGLAIS AVEC PRÉFACE

PAR

HENRY BONNET

DEUXIÈME ÉDITION

PARIS

LIBRAIRIE PLON

PLON-NOURRIT ET Cⁱᵉ, IMPRIMEURS-ÉDITEURS

8, RUE GARANCIÈRE — 6ᵉ

1916

Tous droits réservés

LES DESSOUS

DE LA

POLITIQUE EN ORIENT

L'auteur de ce livre a, jusqu'à une date récente,
occupé une très haute situation diplomatique, comme
l'établira la précision des révélations qu'il apporte
au lecteur. Pour cette raison il doit garder l'anonymat.

LES DESSOUS

DE LA

POLITIQUE EN ORIENT

PAR

UN ALLEMAND

TRADUIT DE L'ANGLAIS AVEC PRÉFACE

PAR

HENRY BONNET

PARIS

LIBRAIRIE PLON

PLON-NOURRIT ET Cie, IMPRIMEURS-ÉDITEURS

8, RUE GARANCIÈRE — 6^e

1916

Tous droits réservés

PRÉFACE DU TRADUCTEUR

Personne hélas! ne peut aujourd'hui méconnaître que la politique de l'Entente, en Orient et dans les Balkans, a manqué, depuis la guerre, de clairvoyance et que des erreurs ou des illusions prolongées lui ont valu des déceptions et des mécomptes. Si nous faisons cette constatation, ce n'est pas pour exprimer un regret stérile. Rien n'est plus vain et plus dangereux, au moment où il faut agir, que de se lamenter sur le passé. Relever les fautes commises, en rechercher les causes proches ou lointaines n'est permis à l'heure présente que si cet examen ou cette recherche peuvent aider à en prévenir le retour et montrer à ceux qui ont la charge de notre politique extérieure les menées et les intrigues souterraines qu'une insuffisante vigilance de leur part n'a pas su à temps découvrir, surveiller et combattre.

Pendant que notre diplomatie, par des procédés

loyaux et ouverts, qui sont à la fois l'honneur et la faiblesse des gouvernements respectueux de l'indépendance des autres, croyait, avec un peu d'apathie et beaucoup de candeur, assurer le maintien de notre influence et la sauvegarde de nos intérêts, les agents de l'Allemagne, par des manœuvres toutes différentes ressemblant plus à des manœuvres d'espionnage et de police qu'à une action diplomatique, avaient l'oreille à toutes les portes et la main dans tous les incidents de la vie intérieure des peuples d'Orient. N'étant retenus par aucun scrupule, cherchant des alliés dans tous les partis, ayant des amis ou des complices dans les camps les plus opposés, servant et trahissant tour à tour et quelquefois en même temps ces amis et ces complices, encourageant toutes les ambitions, exploitant toutes les convoitises, ils ont poursuivi avec une ténacité implacable un but unique, la réalisation du rêve allemand d'hégémonie mondiale. En préparant la guerre pour la faire éclater à l'heure choisie par le kaiser leur maître, ils ont réussi à obtenir pour leur pays des alliances ou des complaisances secrètes. Nous n'avons pas su les deviner avant 1914 et il semble, depuis, que nous n'ayons pas voulu y croire. Il a fallu, pour nous ouvrir les yeux, l'intervention, aux côtés de nos ennemis, de la Turquie d'abord, puis de son adversaire d'hier, la Bulgarie, à laquelle pendant un an, alors qu'elle était décidée à nous trahir, nous avons prodigué les avances.

C'est ce travail de préparation occulte que révèle, avec des détails d'une précision suggestive, en même temps qu'il apporte une preuve de plus de l'agression préméditée de l'Allemagne, le livre dont nous donnons la traduction et qui a été publié, il y a quelques mois, en Angleterre, sous le titre : « *The Near East from within* », par un Allemand désabusé. Avec plus de réserve que son compatriote, l'auteur de *J'accuse*, et en se bornant à un exposé d'allure impartiale, qui suffit à en faire un réquisitoire, il fait apparaître, en pleine lumière, les dessous de la politique suivie, depuis vingt ans, par l'Allemagne en Turquie et dans les pays balkaniques.

Il est utile que cet ouvrage, sur lequel il est surprenant et regrettable qu'on n'ait pas appelé davantage l'attention depuis qu'il a été publié à Londres, soit connu, lu et médité en France et ailleurs. Ceux qui luttent depuis vingt mois pour la civilisation, le droit et la liberté des peuples y trouveront de nouvelles raisons de combattre jusqu'à la victoire complète ; et les neutres, s'il en est, qui ont encore des illusions sur les desseins de domination universelle de l'Allemagne y verront la démonstration de sa volonté, quelque temps voilée, aujourd'hui éclatante, de les réaliser en déchaînant la guerre qui ensanglante l'Europe et ruinera, heureusement, ses espérances.

L'auteur est Allemand, cela ne paraît pas douteux. Il ne paraît pas douteux davantage qu'il a été, sinon un diplomate ayant occupé des postes officiels importants, du moins un agent politique de haut rang au service de l'Allemagne. Quel qu'il soit, il faut retenir, en lisant son livre, qu'il l'a publié en Angleterre dans les premiers mois de l'année 1915. A ce moment, bien des événements que font pressentir les révélations qu'il apporte, l'intervention de la Bulgarie, par exemple, ne s'étaient pas encore produits. D'autre part, un grand nombre des renseignements qu'il donne, avec des précisions de temps, de lieu et d'origine qui les rendent au moins vraisemblables, peuvent être contrôlés par d'autres documents qui les confirment, comme les confirme aussi la lumière des faits qui se déroulent en parfait accord avec les prévisions que ces renseignements font naître dans l'esprit du lecteur. En tout cas, ce qui est certain, c'est qu'il est l'œuvre d'un homme ayant une connaissance approfondie de l'Orient et de la politique balkanique. Il est difficile d'admettre que cet homme n'ait pas été étroitement mêlé aux négociations qu'il raconte et aux intrigues dont il montre les fils mystérieux et les dessous cachés. Il est plus que vraisemblable qu'il était bien, ainsi qu'il le dit, en indiquant les motifs pour lesquels il doit garder l'anonymat, un de ces agents politiques secrets, comme l'Allemagne en a en si grand nombre, qu'elle répand sur toute la surface du globe, et comme on peut regretter que nous n'en ayons pas. Demi-diplomates, demi-espions qu'on n'hésite pas à désavouer quand c'est nécessaire, ces agents font une besogne que ne pourraient faire, aussi utilement qu'eux et sans courir de trop gros risques, des diplomates officiels. Notre auteur explique lui-même que la Wilhelmstrasse le faisait passer, quand elle lui confiait des missions occultes, pour un simple particulier, grand amateur de voyages, ayant dans son pays de belles relations, et toujours sur les routes pour satisfaire ses goûts. Au cours de ses promenades, il jouait, nous dit-il, le rôle d'un enfant terrible à qui l'âge n'a pas appris la discrétion et à qui, par suite, on devait pardonner sa manie de questionner. Il faisait son métier en conscience, s'insinuant partout, regardant par le trou de toutes les serrures, là où il ne pouvait pas entrer, et écoutant aux portes quand il n'était pas dans la pièce où se disaient des choses qu'il désirait savoir. Il était cultivé, instruit, observateur, connaissait tous les gens en place, avait accès auprès des plus hauts personnages, et arrivait ainsi à rapporter à ses chefs — en même temps qu'il les gardait dans sa mémoire pour en faire, le cas échéant, son profit — d'amples moissons de documents précieux : comptes rendus d'interviews sensationnelles, correspondances ultra-secrètes, renseignements importants ou potins diplomatiques.

Il explique comment il a été amené à faire les révélations qu'il livre au public dans une courte préface qu'on trouvera à la suite de celle-ci.

***

Les premiers chapitres sont consacrés à la Turquie et à Constantinople, où l'auteur a fait trois séjours à des intervalles éloignés, en 1888, en 1908 et en 1913.

Après avoir fait une peinture amusante de la vie, des travers et des mœurs de la société du quartier européen de Péra, curieux mélange d'indigènes de toutes nationalités et de cosmopolites suspects, il montre quel foyer d'intrigues, de roueries, de combinaisons équivoques ou tortueuses est, du haut en bas, l'Empire ottoman. C'est pour les aigrefins de la politique, de la finance ou des affaires un terrain exceptionnellement attirant et fertile. Et c'est sur ce terrain que nous allons voir évoluer et manœuvrer la diplomatie allemande. Elle s'essaye d'abord avec Abdul Hamid qui fut, jusqu'à sa chute, le maître unique et souverain.

Abdul Hamid n'était pas seulement le despote ombrageux et cruel qui a, périodiquement, ensanglanté son pays sous les yeux indignés des peuples sensibles de l'Europe, mais sans autre sanction qu'une réprobation passive de leurs gouvernements. On peut penser que cette cruauté n'eût pas suffi à détourner de lui les sympathies intéressées de l'Allemagne. Mais, en même temps, il était le type le plus parfait de la fourberie orientale. Habile à profiter, sans se lier, des dispositions bienveillantes, n'écoutant jamais les offres sans se demander s'il n'obtiendrait pas mieux d'un autre, fuyant, avide, maître dans l'art des atermoiements, il reculait toujours devant les assurances positives et les engagements précis.

En vain les représentants de l'Allemagne, et en particulier le baron Marshall von Bieberstein, dont l'habileté incontestable et l'absence de scrupules faisaient un redoutable protagoniste, multiplièrent auprès de lui et dans son entourage les suggestions, les promesses, les intrigues, les tentations offertes à toutes les convoitises. Le résultat ne fut pas celui qu'entendait obtenir le kaiser, qui ne se payait pas de phrases vagues et exigeait des réalités. Quand on veut faire d'un homme une dupe ou un instrument docile de ses ambitions, on ne supporte pas, sans irritation, de se trouver en face d'un fourbe.

On eut recours, cependant, avec une activité et une ténacité sans défaillance qui contrastent avec l'indifférence un peu dédaigneuse des représentants des autres puissances, à tous les moyens d'action et d'influence. L'empereur allemand, en même temps qu'avec le Sultan, se mit personnellement en relations avec les plus hautes autorités religieuses de l'Islam, le Cheik des Derviches hurleurs et le Cheik-ul-Islam, Essad Effendi. De son côté le baron von Marshall ne négligea rien pour s'assurer des complicités ou des concours dans l'intimité la plus fermée d'Abdul Hamid et dans la police secrète qui, veillant à sa sécurité, était pour lui l'institution la plus précieuse et celle dans laquelle il avait le plus besoin d'avoir confiance. Lors d'une de ses visites à Constantinople, l'empereur Guillaume II avait lui-même réussi à placer à la tête du service de sûreté d'Yildiz Kiosk un policier allemand, jadis attaché à la personne de son père. On devine quel auxiliaire utile l'ambassadeur d'Allemagne pouvait trouver en ce fonctionnaire.

Il réussit à obtenir — et ce n'est pas un des détails les moins curieux que fait connaître l'indiscrétion de l'auteur du livre — une complicité plus surprenante dans un pays comme la Turquie, sous un régime comme celui de l'Empire ottoman et avec les mœurs de l'Orient. Il parvint à entrer en relations personnelles avec une esclave chrétienne, favorite du Sultan, désignée dans le livre sous le nom de convention d'Amina, et à en faire la collaboratrice dévouée de sa politique. Grâce à elle, il était tenu régulièrement au courant de tout ce qui se passait dans le palais d'Abdul Hamid et il lui dut, un jour, cette faveur extraordinaire d'être admis secrètement au milieu de la nuit auprès du Souverain, pour lui faire, au nom de son maître, une communication d'un caractère particulièrement mystérieux et urgent.

Tout cela, pourtant, ne le conduisait pas à triompher des résistances passives que lui opposait, sinon ouvertement du moins dans les profondeurs obscures d'une volonté toujours hésitante, le caractère défiant et cauteleux d'un homme qui ne se livrait jamais sans réserve.

Abdul Hamid poussait l'instinct de dissimulation de l'Oriental à un degré vraiment incroyable. Un trait peu connu de cette dissimulation mérite d'être rapporté.

Tout le monde, raconte notre auteur, croyait que le Sultan ne comprenait et ne parlait aucune langue étrangère. Abdul Hamid avait réussi à cacher à tous qu'il savait le français dans la perfection. Cette prétendue ignorance lui permettait de soutenir que ce que lui avaient dit les ambassadeurs n'avait pas été correctement interprété ou qu'il n'avait pas saisi le sens exact des communications qui lui étaient faites.

D'après une confidence faite par le baron de Marshall lui-même, l'empereur Guillaume II aurait été le seul à découvrir cette supercherie.

Devant la constatation de l'insuffisante efficacité du travail poursuivi pendant des années par la diplomatie allemande pour asservir, d'une façon sûre, le sultan Abdul Hamid aux vues et aux desseins du kaiser, devant la constatation aussi des résultats médiocres obtenus par la mission militaire, chargée, sous la direction du maréchal von der Goltz, de réorganiser l'armée turque pour en faire une auxiliaire éventuelle de quelque poids, Guillaume II, agacé et énervé, mais toujours aussi résolu à mettre la main sur le gouvernement ottoman, envisagea la possibilité de trouver à Constantinople des complices plus malléables et plus dociles. En Turquie, comme sous tous les régimes despotiques, les révolutions de palais, avec ou sans assassinat du souverain en place, sont toujours faciles à provoquer ou à encourager et sont, en quelque sorte, le moyen normal de tempérer la tyrannie.

Guillaume II avait connu à Berlin, en qualité d'attaché militaire, un jeune officier turc, alors sans notoriété, intelligent et insinuant, dans lequel il n'avait pas tardé à découvrir une ambition démesurée et

auquel il n'avait ménagé ni les sourires ni les faveurs.
Il se nommait Enver Bey, aujourd'hui Enver Pacha.
Il cachait alors son jeu et ses secrètes espérances, mais
on sentait qu'il n'attendait qu'une occasion pour
prendre, dans son pays, le rôle auquel il se jugeait
destiné.

On lira avec intérêt une conversation que l'auteur
eut, à cette époque, avec lui et dans laquelle, malgré
les dehors du loyalisme envers son Souverain, sous
lesquels Enver voilait ses ambitions et ses arrière-pensées, il a laissé apparaître les rêves qu'il faisait déjà.

Après avoir affirmé sa foi dans les destinées de sa
patrie et dans la régénération d'un gouvernement
dont il ne méconnaissait pas les tares, sur l'observation
de son interlocuteur qu'Abdul Hamid pouvait être un
obstacle à ce relèvement, il avait répondu que celui-ci
n'était pas immortel et qu'un homme pouvait surgir
capable de restaurer l'Islam dans son ancienne grandeur. Et il avait entendu, sans manifester de surprise
et sans protester, la réflexion, qui lui était faite à voix
basse, que peut-être cet homme existait déjà et se
préparait à cette œuvre de restauration.

Lorsque Enver Bey quitta Berlin, il partit avec une
lettre de recommandation très chaude du kaiser pour
l'ambassadeur d'Allemagne. Le baron von Marshall
comprit ce qu'on attendait de lui, et aussitôt, pour

entrer dans les vues encore incertaines de son maître, il entreprit, avec plus d'activité que jamais et avec une duplicité cynique, des négociations en partie double dont l'orientation définitive devait dépendre des garanties plus ou moins satisfaisantes qu'il trouverait, soit du côté d'Abdul Hamid et des associés qu'il avait dans l'entourage du sultan, soit du côté des Jeunes-Turcs. Pour commencer, l'ambassadeur noua avec Enver Pacha des relations d'amitié étroite, sans cesser de garder le contact avec Yildiz Kiosk et d'entretenir près d'Abdul Hamid des surveillants ou des espions.

Au cours de ce jeu équivoque, on voit s'épanouir en pleine lumière le machiavélisme du baron von Marshall. Jusqu'à la dernière minute, en servant et en trahissant à la fois le Sultan et ses ennemis, il s'arrangera pour garder des appuis, des amitiés ou des complicités dans les deux camps, en homme avisé qui n'entend pas être pris au dépourvu, quelle que soit l'issue des intrigues dont il tient les fils.

C'est ainsi que, découvrant un jour, avant qu'il ait pris définitivement parti, qu'Enver Bey et les Jeunes-Turcs, dont le pouvoir grandit mais ne lui inspire pas encore une entière confiance, sont prêts à tenter un coup de main contre Abdul Hamid, il dénonce le complot au Sultan par l'intermédiaire d'Amina, dont il augmente ainsi l'influence. Abdul, qui n'hésite jamais à prendre des mesures décisives dès qu'il croit sa sécurité menacée, ordonne immédiatement l'arrestation d'Enver. Mais, à la même heure, l'ambassadeur faisait prévenir celui-ci que sa liberté et probablement sa vie étaient en péril et l'engageait à se mettre à l'abri, ce qu'Enver se hâta de faire en se réfugiant sur la côte d'Asie.

Les choses allèrent ainsi jusqu'à ce qu'enfin le kaiser, à bout de patience, exaspéré des hésitations et de la conduite tortueuse d'Abdul Hamid, qui n'entendait pas renoncer trop vite aux profits d'argent ou aux autres avantages qu'il espérait tirer d'une politique d'atermoiement, de mendicité ou de surenchère avec les Puissances rivales, se décida à pactiser franchement avec les révolutionnaires jeunes-turcs et avec Enver Bey, sur lequel il se croyait plus sûr de pouvoir compter. Les événements ont prouvé qu'il ne se trompait pas.

Un incident, qui illustre ce que nous savons déjà de la rouerie d'Abdul Hamid, en même temps qu'il montre l'excellence du service de renseignements de l'ambassade d'Allemagne, amena la mise à exécution du complot qui détrôna le Sultan.

Abdul avait une sœur qui jouissait à Constantinople d'une situation et d'un prestige considérables, la belle Sultane Médiha. Elle avait été mariée à un personnage violent et extrêmement ambitieux qui avait vu, dans ce mariage, le moyen de satisfaire toutes ses espérances, Damad Medjib Pacha. Mais le Sultan ne lui avait donné sa sœur que pour désarmer un homme en qui il voyait un adversaire; il ne mettait aucune hâte à lui octroyer les dignités et les honneurs auxquels celui-ci prétendait. De là une rancune ardente qui se tourna en inimitié déclarée. Abdul n'était pas, comme on peut le penser, de caractère à la tolérer. Mais il avait pour principe de ne se défaire directement de ses ennemis que quand il ne pouvait pas s'en débarrasser autrement. Dissimulant ses sentiments, il persuada à son beau-frère que c'était sa sœur Médiha qui mettait obstacle à l'élévation dont il était digne. Il en résulta que Damad Nedjib traita la princesse avec une révoltante dureté. Pas plus que son frère, la Sultane, de caractère énergique et vindicatif, n'était faite pour supporter les outrages. Et il arriva qu'un soir, après avoir pris une tasse de café, Damad Nedjib mourut subitement. Il ne fut pas longtemps regretté et, peu de mois après, la princesse Médiha épousait, en secondes noces, Damad Férid Pacha, pour qui, dit-on, elle avait, depuis des années, une tendre affection.

La Sultane, forte de l'appui de son second mari, Grec d'origine, homme intelligent et apprécié du parti progressiste, se mit alors résolument à la tête d'un mouvement qui avait toujours eu ses sympathies et qui s'était organisé pour prêcher et réaliser l'émancipation des femmes.

Abdul Hamid n'avait pas, pour ce mouvement comme pour toutes les menées progressistes, la même complaisance que sa sœur. Cependant il toléra quelque temps l'attitude ouvertement prise par celle-ci. Puis sa patience se lassa et le baron von Marshall, grâce aux renseignements qui lui venaient toujours régulièrement d'Yildiz Kiosk par Amina, fut le premier à apprendre que des mesures de rigueur — et on sait ce que cela veut dire — allaient être prises contre la Sultane.

Celle-ci, prévenue en hâte, ne laissa paraître ni émotion ni faiblesse, mais elle ne perdit pas de temps, et elle fit savoir aux Jeunes-Turcs, avec l'agrément de l'ambassadeur d'Allemagne, que l'heure était venue d'agir sans hésitation et avec vigueur contre le Sultan.

L'ambassadeur d'Allemagne ne mit à l'appui du gouvernement allemand qu'une seule condition. La vie d'Abdul Hamid devait être respectée; on se bornerait à le détrôner au profit de son frère Mehmed Réchad. La vie du Sultan renversé était, aux yeux de l'ambassadeur et sans doute du Kaiser, une carte qu'il convenait de garder.

On sait que les choses se passèrent ainsi qu'il avait été décidé.

Ce qu'on ne sait pas, c'est que le baron von Marshall, qui estimait sans doute qu'il est de bonne politique de montrer, quand on le peut, quelque reconnaissance aux complices dont on s'est servi, fit avertir en secret, et contre la promesse d'un silence qui fut observé, son amie, la favorite Amina, d'avoir à mettre en lieu sûr tout ce qu'elle pouvait posséder d'argent, de valeurs, de bijoux et d'objets précieux; il poussait la complaisance jusqu'à offrir de les prendre dans l'endroit de tous le plus inviolable, à l'ambassade même d'Allemagne où ils furent, en effet, déposés. Cette attention ne fut pas perdue; car, à la minute où les conjurés forçaient la porte de la pièce où Abdul Hamid était avec Amina, le puissant Empereur d'Allemagne dut à la présence d'esprit de la petite favorite de ne pas voir tomber aux mains des envahisseurs une lettre autographe écrite par lui au Sultan et dont le contenu aurait pu refroidir l'amitié d'Enver Bey et des Jeunes-Turcs à son égard. L'auteur ajoute que la jeune femme reçut de l'Empereur allemand une galante récompense pour l'heureux à-propos du geste qu'elle avait eu le sang-froid de faire, à cet instant tragique, en prenant la lettre cachée sous un coussin et en la jetant au feu pendant que la porte résistait encore.

On connaîtra, en lisant le livre, le travail poursuivi

par l'Allemagne pour s'assurer une mainmise définitive sur le gouvernement ottoman dirigé par les
Jeunes-Turcs et, en particulier, par Enver. Celui-ci
devint bientôt, en effet, le vrai maître de la Turquie,
sous la souveraineté nominale de Mehmed Réchad,
instrument sans volonté asservi aux ordres souvent
brutaux de ceux à qui il devait sa couronne.

On verra comment l'armée turque, d'abord, fut
soumise à la discipline et aux méthodes d'instruction
allemandes sous le haut commandement du général
Liman von Sanders, successeur du maréchal von der
Goltz, et de la mission allemande chargée de cette
œuvre de réorganisation. On apprendra — ce dont,
hélas! on s'est aperçu trop tard — comment les agents
de l'Allemagne, malheureusement favorisés par l'insouciance ou le manque de clairvoyance de leurs
rivaux, parvinrent à réduire la Turquie au rôle de
satellite obéissant, en même temps qu'ils travaillaient
à faire de son armée une force dont la valeur, à l'heure
où on exigerait son concours, ne fût pas négligeable.
Ils sauront quand et comment une alliance étroite a
été conclue entre l'Allemagne et l'Islam, alliance qui
a survécu aux secousses de la guerre balkanique, sans
nuire, ce qui fut le chef-d'œuvre de la duplicité allemande, à une entente non moins étroite avec l'ennemie implacable de la Turquie, la Bulgarie.

On constatera enfin — avec la tristesse de penser qu'on aurait pu et dû le savoir alors et qu'on a paru ne pas s'en douter, — que, plusieurs mois avant la guerre, l'Allemagne s'assurait d'avance à Constantinople, où l'auteur du livre lui-même était envoyé en mission secrète, l'intervention qu'elle entendait imposer à la Turquie, pour le succès de l'agression préméditée que le mois d'août 1914 allait voir se produire.

Et c'est surtout à cause des renseignements nouveaux qu'il apporte à tous les peuples de bonne foi sur la volonté arrêtée et certaine qui a déchaîné la guerre que le livre, sur lequel il nous a paru utile d'appeler l'attention des Français, de leurs alliés et des neutres, constitue, malgré son apparence impartiale, un réquisitoire définitif qu'on lira avec intérêt.

A ce point de vue, et pour donner seulement une idée des révélations suggestives et curieuses qu'il contient, il est intéressant de signaler deux indications importantes qui doivent être exactes, si l'on en juge par les événements qui se sont produits depuis.

L'auteur indique qu'il a sous les yeux un document tombé dans ses mains en 1914. C'est un exposé manuscrit fait aussi par un Allemand qui, ayant été dans l'intimité de Guillaume Ier, n'a jamais approuvé les idées politiques du petit-fils du vieil Empereur.

Il en ressort qu'à la veille même de la guerre

de 1914, au moment où le Kaiser put craindre une entente entre la Russie et l'Autriche, il envoya à Sofia un émissaire confidentiel pour suggérer au tsar Ferdinand qu'au cas où le gouvernement russe adopterait une attitude conciliante, il serait de son intérêt d'envahir le territoire serbe. La réponse du tsar de Bulgarie ne laisse aucun doute sur son intention bien nette de donner, à l'heure qu'il jugerait opportune, son concours à l'Allemagne.

Une autre révélation d'un fait qui, celui-là, est à la connaissance personnelle de l'auteur, n'est pas moins intéressante.

Quelques mois avant la guerre, il a rencontré à Berlin Enver Pacha. Celui-ci, exceptionnellement animé et ardent, paraissait pressentir pour son pays de grands événements dans un avenir très prochain. Il raconta que des armes et des munitions avaient été distribuées en secret aux musulmans dans la région du Caucase et en particulier à Batoum. Il ajouta que la Russie avait perdu la sympathie de toutes les nations slaves, sauf le Monténégro et la Serbie, et que la Turquie montrait un véritable enthousiasme pour l'Allemagne.

Enver avait eu une longue conversation avec le kaiser. Et il est permis de penser que cette entrevue eut une influence décisive sur les résolutions qu'allait être appelée à prendre la Turquie.

b

Ce ne sont pas les seuls renseignements de cet ordre qu'on trouvera dans le livre. De quel jour cru tout cela éclaire le cynisme de la volonté agressive de Guillaume II et l'hypocrisie audacieuse des déclarations qu'il fait à son peuple quand il essaye de le convaincre qu'il a subi la guerre, alors qu'il l'a préparée et déchaînée avec la plus froide et la plus perfide préméditation !

*
* *

Le travail de la diplomatie allemande à Constantinople n'avait pas pour but, on peut s'en douter, la réorganisation et le renforcement de l'armée turque et de l'empire ottoman dans l'intérêt de la Turquie. Sans parler des ambitions et des convoitises de l'Allemagne dans l'Ouest, il apparaît, avec une aveuglante évidence, que l'objectif dont, à aucun moment, elle n'a détourné les yeux, a été l'expansion de son influence et l'extension directe ou indirecte de ses possessions territoriales ou de sa sphère d'action en Orient. Les obstacles, de ce côté, étaient l'Angleterre, la Russie et aussi les bons amis musulmans ou balkaniques dont elle cherchait à se servir mais qu'elle savait n'être pas très sûrs. L'Angleterre, plus encore que la Russie, a été l'objet de la haine la plus constante et des desseins les plus hostiles de Guillaume II. Et, parmi les pièces du grand jeu d'échecs politique, celles qu'avec une ténacité sans défaillance il rêvait le plus de s'approprier, étaient l'Égypte et le canal de Suez. Ce fut l'appât avec lequel, en y ajoutant, par surcroît, une partie des Indes et les provinces russes du Caucase, en même temps que de larges libéralités aux Jeunes-Turcs et spécialement à son ami Enver Pacha, il réussit à séduire la Turquie. Il fit miroiter aux yeux de la Sublime Porte la conquête de cette belle province musulmane qui ferait rentrer dans le domaine de l'empire turc un de ses joyaux perdus. A côté se trouvaient la Tripolitaine, la Tunisie, l'Algérie, le Maroc; et qui sait?... Ce que ne disait pas le tentateur en montrant de la montagne toutes ces richesses, et ce que les Jeunes-Turcs, aveuglés par sa générosité à leur égard, ne voulaient pas voir, c'est ce que serait, en cas de succès, sur toutes ces conquêtes, la lourde main germanique.

Pour réaliser ses grands projets de domination mondiale, il ne suffisait pas au kaiser d'avoir l'appui de la Turquie. Il lui fallait encore des complaisances parmi les États balkaniques, s'il ne pouvait pas obtenir, comme nous allons voir qu'il l'a cherché, afin de sérier les opérations, la bienveillance momentanée de la Russie.

L'entreprise était malaisée; atteler au même timon la Turquie et l'une ou l'autre des nations des Balkans ses voisines, paraissait un tour de force irréalisable, le Turc étant pour celles-ci l'ennemi héréditaire, l'oppresseur haï avec lequel on ne pactise pas. Guillaume II la tenta cependant et le miracle fut qu'il y réussit, en ce qui concerne, au moins, la Bulgarie, la plus implacable, peut-être, des adversaires de l'Empire ottoman.

Ce sont les menées et les intrigues suivies, dans les Balkans et en Russie, avec une opiniâtreté que rien n'a découragée, que révèlent sous un jour saisissant les chapitres qui suivent ceux consacrés à la Turquie.

*
* *

C'est en Bulgarie que la diplomatie officielle et occulte de l'Allemagne agit avec le plus de continuité. Le prince Ferdinand de Cobourg, qui la gouverne depuis de longues années, était un homme habile, démesurément ambitieux et sans scrupules. Quand il arriva à Sofia, sa situation y fut, dans les premiers temps, extrêmement difficile. Aucune des grandes puissances de l'Europe n'était disposée à le reconnaître et le tsar Alexandre III ne voulait pas et ne voulut, d'ailleurs, jamais entendre parler de lui. A l'intérieur il se heurta à des obstacles inquiétants. Il constata qu'il n'y avait en Bulgarie qu'un seul homme dont l'autorité était considérable et dont la parole faisait loi, M. Stambouloff, qu'on avait surnommé « le faiseur de rois ». De tempérament dominateur et de caractère cassant, M. Stambouloff trouva dans le nouveau prince un souverain peu malléable et aussi autoritaire que lui-même, avec cette seule différence que l'un, l'homme d'État, était incapable de duplicité, et que l'autre, le prince, roué et peu sûr, était enclin à pratiquer la maxime «que la fin justifie les moyens ». Les deux hommes ne se plurent pas et ne tardèrent pas à être en antagonisme déclaré. Le destin, heureusement pour Ferdinand, intervint en sa faveur; et il advint qu'un soir, en rentrant chez lui, M. Stambouloff fut assassiné. Il était populaire; on le regretta quelque temps, mais, dans les Balkans plus encore qu'ailleurs, les vivants sont plus forts que les morts. On se dit que l'hostilité de M. Stambouloff contre le prince aurait pu devenir la source de sérieuses difficultés, et bientôt on ne pensa plus au ministre qui, la veille, était tout-puissant.

L'empereur Guillaume II fut un des premiers à faire des ouvertures et des avances à Ferdinand. Il n'avait pas en lui une très grande confiance; il le savait de caractère à promettre ce qu'on voudrait, mais à donner peu pour recevoir beaucoup. Il faisait, avec Abdul Hamid, l'expérience de ce genre d'hommes ; et, s'il voulait bien, comme nous l'avons dit déjà, duper les autres, il n'aimait pas être trompé. Cependant la Bulgarie était une force ; les Bulgares étaient un peuple de soldats. Il pouvait donc être utile de se concilier l'amitié du nouveau prince. Celui-ci avait un rêve : ériger sa principauté en royaume. Il en avait d'autres plus vastes et se voyait, dans l'avenir, empereur de Byzance, restaurateur de la foi chrétienne à Constantinople et couronné à Sainte-Sophie.

Le kaiser entreprit de le séduire en l'aidant à gravir le premier échelon de sa fortune ; et il lui laissa entendre qu'il pourrait lui donner son concours pour ramener les autres puissances, et en particulier l'Autriche, à de meilleures dispositions pour lui. N'ayant obtenu en échange aucune promesse ferme, il se borna, d'ailleurs, à des encouragements. Et lorsque vint le jour où Ferdinand, ayant réorganisé l'armée bulgare et en ayant fait une force avec laquelle il fallait compter, crut qu'il pouvait jeter aux échos de l'Europe la proclamation faisant de sa principauté un royaume indépendant, Guillaume II, à qui il fit appel, demeura très réservé. Il était beaucoup trop fin pour s'engager à fond dans une aventure dans laquelle il ne voyait pas un profit certain. Il lui donna de bonnes paroles et l'engagea à se tourner vers l'Autriche, qu'il avait amenée, lui dit-il, à oublier l'irritation qu'elle avait ressentie en le voyant accepter le trône de Bulgarie sans la consulter.

L'Autriche, en effet, était mieux disposée. Guillaume II obtint de l'empereur François-Joseph qu'il consentît à recevoir le prince de Cobourg, et cette entrevue fut un premier pas vers une entente et vers la reconnaissance officielle de Ferdinand comme souverain de la turbulente Bulgarie.

C'était quelque chose. Mais la Russie restait hostile. Alexandre III ne pouvait pas « digérer cet aventurier » et le kaiser, ayant un jour essayé de lui dire qu'après tout ce n'était pas un mauvais homme, n'avait pas obtenu de réponse.

Guillaume II eut alors une idée étonnante qui devait, dans sa pensée, séduire le prince de Bulgarie; il lui suggéra de faire baptiser publiquement son fils dans l'Église grecque orthodoxe. L'histoire de ce baptême extraordinaire est extrêmement curieuse. Ferdinand y assista avec le sourire d'un homme que rien ne trouble, quand son ambition est en jeu, et il écrivit à l'empereur Guillaume pour lui en faire le récit. Il aurait terminé sa lettre en disant qu'il regrettait de ne pas pouvoir lui en envoyer une photographie, mais que l'archevêque de Sofia — à cette époque déjà lointaine où les opérateurs de cinématographe ne pénétraient pas encore partout

— s'était opposé à ce qu'il en fît prendre une : « Je le regrette, disait-il. Je suis sûr que Votre Majesté, avec son sens de l'humour, en aurait apprécié la saveur. »

Quand survinrent la première et la deuxième guerre balkaniques, la situation devint compliquée pour l'Allemagne. Elle réussit cependant ce tour de force de garder l'amitié de la Turquie et la bienveillance de la Bulgarie. Cela paraît miraculeux. Car c'est le représentant du kaiser, le prince Lichnowsky, qui prit l'initiative de proposer que la ville d'Andrinople fût laissée aux mains des Turcs. Ferdinand s'y résigna, parce qu'il lui eût été plus désagréable encore qu'on la donnât à la Serbie. Et ce fut en attisant la haine des Bulgares contre les Serbes, plus forte encore que leurs rancunes contre les Turcs, qu'il parvint à conserver son influence sur Ferdinand. On a vu comment, à la veille de la guerre actuelle, il a essayé de le lancer contre la Serbie lorsqu'il a cru que l'attitude conciliante de la Russie et l'hésitation de l'Autriche risquaient de mettre obstacle à sa volonté arrêtée de déchaîner le conflit sanglant dont il a seul l'entière et terrible responsabilité. On sait quelle fut la réponse du roi de Bulgarie et comment, à l'heure qui lui a paru favorable, il a tenu la promesse différée qu'il avait faite alors et à laquelle la diplomatie de l'Entente s'est obstinée à ne pas croire.

*
* *

Entre temps, au cours de la guerre balkanique, se serait produit, d'après notre auteur, un incident bien intéressant, qui, s'il est exact, fait apparaître, une fois de plus, la duplicité et le cynisme de Guillaume II dans le rôle de tentateur dans lequel il excelle.

A ce moment fut célébré le mariage de la fille unique du Kaiser avec le duc de Brunzwick. A cette occasion l'empereur Nicolas II et l'impératrice de Russie vinrent à Berlin. Ils y furent reçus avec des égards et un enthousiasme exceptionnels. Le roi et la reine d'Angleterre étaient aussi les hôtes de la Cour d'Allemagne et on avait eu pour eux des attentions extérieures, mais Guillaume II s'était arrangé pour éviter toute conversation sérieuse avec Georges V.

Peu de temps, après, en juillet ou août 1913, le Tsar ayant exprimé à l'ambassadeur d'Allemagne à Pétersbourg, le comte de Pourtalès, sa gratitude de l'accueil qu'il avait trouvé à Berlin, non seulement près de l'Empereur, mais aussi dans la population, Guillaume II, à qui ces paroles avaient été rapportées, se serait décidé à tenter une incroyable démarche.

Il aurait envoyé à Péterhof un émissaire spécial,

porteur d'une lettre autographe dont voici, en résumé, le sens.

« Il faut, disait-il, mettre un terme à l'agitation toujours menaçante dans les Balkans. Or ce sont les intrigues de l'Angleterre qui l'entretiennent. Le gouvernement anglais veut profiter des embarras qu'il crée à la Turquie pour annexer définitivement l'Égypte et l'arracher à la souveraineté nominale du Sultan. Sans insister sur les liens d'amitié qui l'unissaient à la Sublime Porte, il déclarait que l'ambition de l'Angleterre était une menace redoutable pour la paix du monde et qu'il était nécessaire, si on voulait écarter cette menace, de briser la puissance anglaise. La Russie, poursuivait-il, n'aura pas rempli le rôle auquel elle est destinée par la Providence, jusqu'à ce qu'elle soit devenue maîtresse absolue dans la mer Noire et ait obtenu la libre disposition des détroits du Bosphore et des Dardanelles. Tant que l'Angleterre aura un mot à dire, la Russie la trouvera sur sa route, prête à soutenir la Turquie, à la condition que celle-ci garde une attitude résolument hostile aux légitimes ambitions russes. L'Angleterre, d'autre part, soutient le roi de Bulgarie en l'encourageant dans son rêve de devenir empereur d'Orient, avec Byzance pour capitale. Le jour où cela arriverait, l'heure de la Russie serait à jamais passée. Que le Tsar consente à donner son con-

cours à une action tendant à neutraliser simplement
le canal de Suez ou la suzeraineté du Sultan et il
obtiendra, en échange, la neutralisation des Dardanelles et du Bosphore pour toutes les puissances
excepté pour lui.

« Constantinople pourrait demeurer la résidence du
Sultan, mais sous un contrôle européen, et Brousse deviendrait la capitale de l'Empire ottoman. Maîtresse
absolue de la mer Noire, la Russie tiendrait sous sa
dépendance les États balkaniques, et, l'Angleterre
mise hors d'état de nuire, la paix dans les Balkans ne
serait plus menacée. »

Ce que ne disait pas le Kaiser, c'est que le canal de
Suez, sous la suzeraineté apparente du Sultan, serait
dans la main de l'Allemagne, qui avait déjà arrêté et
soumis à l'approbation de la Porte des plans de forti-
fication destinés à le mettre à l'abri de toute attaque.
Derrière les mirages dont il enveloppait ses desseins,
il n'y avait pas autre chose que la froide intention de
se substituer à l'Angleterre dans la possession de
l'Égypte, le plus ardent, peut-être, de tous les désirs
de l'Allemagne.

A cette suggestion inattendue le Tsar répondit dans
des termes qui permettent de mesurer l'absence de
psychologie des Allemands, leur incompréhension de
la loyauté et l'abîme qui sépare cette race de proie de

celles qui ont encore la faiblesse de croire à la valeur des engagements et des traités. Ajoutons, dans l'intérêt de la morale, même politique, que cette faiblesse est, peut-être, la forme la plus utile, en même temps que la plus honnête, de l'habileté.

On lira avec un vif intérêt la réponse du souverain russe. Il concluait en disant que le programme esquissé par Guillaume II était tel qu'il serait indigne d'une puissance chrétienne de l'adopter et qu'il se considérerait comme déshonoré s'il prêtait la main à une pareille entreprise.

On peut imaginer la colère que ressentit Guillaume II en recevant cette réponse. Sous l'empire de cette colère, et aussi à la suite d'une déception qu'il avait éprouvée lors d'une démarche tentée auprès du roi Carol de Roumanie dont nous parlerons tout à l'heure, il changea immédiatement ses batteries et notre auteur lui-même fut chargé, peu de mois après, de porter une lettre à l'archiduc François-Ferdinand, l'héritier d'Autriche. Dans cette lettre le Kaiser faisait savoir à l'archiduc et à la duchesse de Hohenberg qu'il se proposait d'aller leur faire visite. La réponse fut une cordiale invitation et c'est à la suite de cette démarche qu'au mois de juin 1914 eut lieu, entre l'empereur allemand et l'héritier d'Autriche, la célèbre entrevue du château de Konopicht, en Bohême.

Le remarquable écrivain qui publie presque chaque jour, dans le *Journal des Débats*, des articles si intéressants sur la politique étrangère et en particulier sur la situation dans les Balkans, et dont il est regrettable qu'on n'ait pas écouté les avis auxquels son autorité et sa profonde connaissance des choses de l'Orient donnaient une si haute valeur, a consacré deux de ces articles à ce qu'il a appelé le pacte de Konopicht.

S'inspirant d'une étude de M. Henry Wickham Steed, rédacteur du *Times*, publiée dans le numéro du 1ᵉʳ février 1916 de la *Nineteenth Century*, il indique que, le 12 juin 1914, dans ce vieux château de Bohême, aurait été conclu, entre l'empereur Guillaume et l'archiduc François-Ferdinand, un pacte prévoyant une guerre européenne qui devait aboutir à l'écrasement de la France et de la Russie. Cette fois on comptait ménager l'Angleterre, puisque le Tsar n'avait pas voulu s'associer au projet dirigé contre elle. Il montre, avec une lucidité qu'il faut admirer sans réserve, que l'intérêt de l'Autriche dans la combinaison qu'aurait fait adopter le Kaiser était au-dessous de zéro. Cependant l'archiduc, à qui la dépression de son état physique aurait enlevé toute clairvoyance, y aurait donné son adhésion. Aussi, quelques jours après, en apprenant l'assassinat de Serajevo, l'empereur Guillaume II se serait écrié : « Tout est à recommencer. »

Dans le livre qu'on va lire, la version donnée sur le résultat de l'entrevue de Konopicht est tout à fait différente.

L'archiduc, qui avait sur le cœur l'opposition que l'Empereur allemand avait, quelques mois plus tôt, faite à son projet d'intervention en faveur de la Bulgarie contre la Serbie, au cours de la récente guerre balkanique, aurait nettement refusé son concours au projet d'agression du Kaiser. Et la duchesse de Hohenberg, sa femme, malgré les flatteries intéressées dont elle avait été l'objet de la part de Guillaume II et de l'intérêt qu'elle croyait avoir personnellement à se ménager l'amitié du puissant empereur, aurait refusé aussi d'user de l'influence qu'elle avait sur François-Ferdinand pour l'amener à précipiter l'horreur d'une guerre européenne dont l'heure ne lui semblait pas venue. Guillaume II, en quittant Konopicht, aurait dit à son aide de camp que l'archiduc ne comprenait rien et serait toujours aveugle sur ses véritables intérêts. Et l'auteur de ce récit ajoute que les deux coups de pistolet qui ont brisé la vie de François-Ferdinand et de la duchesse de Hohenberg ont fait plus que deux assassinats. Ils ont fait naître, dit-il, l'occasion que cherchait Guillaume II, en le débarrassant d'un obstacle, et ont été le signal précurseur des sanglantes hécatombes qui allaient dévaster le monde.

S'ils diffèrent du tout au tout dans le détail, les deux récits sont en parfait accord sur un point qui paraîtra à tous le plus important. Ils révèlent l'un et l'autre la volonté implacable de Guillaume II de déchaîner, sous un prétexte quelconque, à l'heure qu'il avait choisie, la guerre européenne.

Voilà donc une preuve de plus du crime dont il porte le poids et pour lequel aucune expiation ne sera trop lourde.

***

L'Égypte, objet des convoitises de Guillaume II, n'a pas été laissée en dehors de la sphère d'action des agents de l'Allemagne. Ils y avaient acquis la faveur du khédive Abbas Hilmi, en grande partie grâce à l'ascendant du vieil Abdul Hamid, qui, sous l'influence de Guillaume II, remplissait souvent, avec une générosité chez lui peu habituelle, la bourse sans fond d'Abbas. Celui-ci était d'autant plus sensible à cette manne, bienfaisante pour ses gros besoins d'argent, que lord Kitchener était inflexible dans ses refus quand on lui demandait une augmentation de la liste civile.

Dans sa complaisance pour l'Allemagne, il aurait été jusqu'à livrer à la Wilhelmstrasse des renseignements de nature à favoriser l'entreprise qu'elle méditait. Si cela est exact, l'Angleterre a été bien inspirée en coupant court aux intrigues qu'elle pouvait redouter de lui, par le moyen énergique et radical d'une déposition.

Le pauvre Abbas Hilmi paraît, d'ailleurs, avoir été bien mal récompensé de sa bonne volonté pour la Turquie et pour l'Allemagne. Il semble certain que, dans les plans de Guillaume II et de son complice Enver Pacha, il était destiné à être sacrifié. Le gouvernement à vie de l'Égypte devait être pour Enver le prix de sa complicité. La guerre et sa déchéance ont laissé le Khédive détrôné, errant sur les routes entre Vienne et Constantinople, n'obtenant même pas la faveur d'être reçu par Guillaume II, qui lui a fait savoir, par son ambassadeur à Vienne, lorsqu'il a exprimé le désir d'aller soit à Berlin, soit au quartier général, qu'il était préférable d'ajourner sa visite. On se sert des traîtres, mais, quand ils ne peuvent plus être utiles, on ne se soucie pas d'en faire ses amis. Abbas n'avait plus d'influence en Égypte et Guillaume II, même si c'eût été en son pouvoir, n'eût pas souhaité lui en rendre une, dans la crainte qu'il n'agît vis-à-vis de l'Allemagne comme il l'avait fait à l'égard de l'Angleterre.

« Parmi les dupes et les victimes qu'aura faites mon empereur, conclut avec philosophie l'auteur du livre, l'ex-khédive Abbas Hilmi occupe aujourd'hui la première place; il n'est pas invraisemblable que la seconde soit pour Enver Pacha. »

*
* *

Nous n'avons pas l'intention de donner dans cette préface une idée complète de tous les renseignements ou de toutes les révélations que contient le livre curieux que nous présentons au lecteur.

Il nous faut dire, cependant, encore quelques mots de deux des chapitres les plus intéressants.

L'un est consacré au roi Carol de Roumanie et l'autre à M. Hartwig, ministre de Russie à Belgrade, un des hommes, nous dit-on, qui ont le mieux connu ou deviné les menées souterraines de la politique allemande en Orient.

*
* *

Le roi Carol était, on le sait, un Hohenzollern. Le portrait qui est donné de lui le montre comme un souverain sage et habile auquel l'empereur allemand faisait souvent appel quand, généralement par ses imprudences d'impulsif, il était dans des situations difficiles.

Nous nous bornerons à appeler l'attention, sans commentaires, qui ne pourraient qu'en affaiblir l'éloquence saisissante et terriblement dure pour le Kaiser, sur le récit d'une conversation que l'auteur nous dit avoir eue, sur l'ordre de son Empereur, quelques mois avant la guerre, avec le roi de Roumanie.

Carol montre l'empereur Guillaume saisi d'un désir furieux de troubler la paix de l'Europe et indique qu'une des raisons de cette frénésie est qu'il est jaloux du kronprinz dont le prestige dans l'armée l'inquiète.

Que le roi de Roumanie l'ait ou non prononcé, ce réquisitoire est d'une accablante vérité ; il est, en même temps, d'une dureté terrible. L'homme qui, soit sous l'influence d'une ambition sans mesure, soit pour reconquérir une popularité qu'il croit sentir lui échapper au profit de son fils — et il est certain que ce fut un des mobiles, au moins secondaires, de Guillaume II en 1914 — a sacrifié des millions d'hommes, est un criminel en faveur duquel aucune voix ne peut faire entendre une parole d'indulgence.

*
* *

Si, après ce récit dramatique, nous disons encore un mot d'une autre conversation qu'a eue, à peu près à la même époque, l'auteur de ce livre avec le diplomate russe dont nous avons dit tout à l'heure le nom, M. Hartwig, c'est parce qu'on y trouvera, dans la bouche d'un homme merveilleusement renseigné et clairvoyant, les même affirmations. M. Hartwig aurait tenu un langage qui rappelait, d'une façon impressionnante, ce qu'avait dit, quelques semaines plus tôt, le roi Carol. Et l'auteur termine le chapitre, dans lequel il le reproduit, en faisant connaître, dans des termes qui permettent toutes les hypothèses, que, peu de temps après, ce diplomate trop perspicace mourut subitement dans la maison de son collègue d'Autriche.

*
* *

De tout cela, quelques réserves qu'on puisse faire sur l'authenticité des détails, il ressort avec une évidence, devant laquelle aucun neutre de bonne foi ne devrait pouvoir rester aveugle, que, depuis vingt ans, l'Allemagne a voulu et préparé la guerre dans un but de domination et de conquête. Dans l'espérance de s'assurer ainsi la victoire, elle a mis la main dans tous les complots et dans toutes les intrigues. Elle a cru longtemps qu'en ne reculant devant rien, en usant à la fois de la perfidie et de la violence, elle forcerait le Destin.

Pour n'avoir pas voulu se borner dans ses ambitions, elle a heureusement, malgré sa force, préparé, en même temps que la terrible guerre qu'elle a déchaînée, la revanche du droit et de la civilisation qu'elle croyait pouvoir asservir comme le reste. Elle sent aujourd'hui, en face d'elle, la fatalité de l'écroulement de tous ses rêves. La justice et le repos de l'Europe exigent l'écrasement d'un militarisme barbare devenu intolérable et odieux. La France et ses alliés ont la volonté de l'obtenir. Ils auront la patience tenace et leurs admirables soldats continueront à montrer l'endurance héroïque qui seront nécessaires. Le seul vœu qu'ils aient à faire, puisque la victoire est certaine s'ils sont unis et coordonnent leurs efforts, c'est que cette patience et cette endurance, dont leurs ennemis espèrent en vain la lassitude, n'aient plus trop longtemps à attendre le triomphe définitif qui soulagera le monde entier.

Henry Bonnet.

PRÉFACE

Il s'est trouvé que j'ai passé un grand nombre d'années de ma vie dans les sentiers de la politique européenne. Tantôt en observateur silencieux, tantôt comme un rouage caché dans la grande machine diplomatique ou encore chargé de missions confidentielles importantes, j'ai été mis dans le secret des mystères et des dessous de la vie et des intrigues politiques dans plusieurs parties du monde. Récemment, des choses que je n'avais pas comprises me sont apparues très claires. Des événements, dont je n'avais pas aperçu plus tôt la portée significative, se lèvent maintenant lumineux et saisissants du fond de ma mémoire. Des riens se sont transformés en choses de première importance.

Quand a éclaté la guerre, j'ai pensé que mon devoir était de garder le silence. A quoi bon ajouter aux amertumes et aux haines qu'on sentait sourdre de tous côtés? J'eus à soutenir un long débat avec moi-même pour discerner jusqu'à quel point la stricte loyauté m'imposait de laisser un voile sur des incidents qui, une fois révélés, feraient apparaître sous leur vrai jour l'histoire intérieure des complications balkaniques et orientales et leurs origines profondes au cours des vingt dernières années.

A tort ou à raison j'arrivai à la conclusion que j'avais un plus grand devoir envers l'humanité qu'envers un homme.

De là ces impressions sur les affaires d'Orient. Elles sont le reflet de mes observations au cours de mes passages d'une capitale à une autre, et de ce que m'ont dit tels ou tels des personnages qui employaient leur activité à développer l'influence de leurs gouvernements respectifs.

Ce n'est pas à moi de dire si je réussirai à

intéresser le lecteur. La seule chose que je puisse affirmer à ceux qui liront ces pages, c'est que, s'ils y trouvent peut-être bien des sujets d'étonnement ou de tristesse, ils n'y rencontreront rien qui ait été consciemment exagéré.

LES DESSOUS

DE

LA POLITIQUE EN ORIENT

CHAPITRE PREMIER

LE SULTAN ABDUL HAMID
SA PERSONNALITÉ ET SA POLITIQUE

Dans mes allées et venues à travers les villes d'Europe, j'eus l'occasion de visiter Constantinople à plusieurs reprises. La première fois, ce fut en 1888 et j'eus la bonne fortune de voir Abdul Hamid très peu de jours après mon arrivée — un vendredi — pendant sa visite hebdomadaire à la mosquée. Des amis m'avaient procuré une place d'où je pourrais voir cette cérémonie de la procession du sultan, connue sous le nom de Selamlik.

Exactement à l'heure fixée nous arrivâmes à la petite place de Beshiktash, fermée par la mosquée du même nom. Cette place est tout à fait étroite, mais elle a l'avantage d'être près de Yildiz Kiosk, la demeure du sultan. Nous fûmes reçus par un maître de cérémonies qui mit à notre disposition une pièce particulière dépendant d'un corps de garde. De ce point favorable nous pouvions voir le cortège passer devant nos fenêtres sur la place dont la mosquée fait le fond.

C'était un spectacle pompeux, non dépourvu d'élégance, mais beaucoup moins pittoresque que je ne l'avais imaginé. Le sultan montait un cheval blanc harnaché à l'orientale, mais il était si entouré d'eunuques, de gardes et de hauts fonctionnaires, que je pus à peine saisir un trait de son visage impassible et sombre. Je fus plus heureux au moment où il quittait la mosquée. Il resta quelques minutes sur le seuil, regardant les troupes qui défilaient devant lui, avec, dans les yeux, une expression grave et sévère qui attira irrésistiblement mon attention.

Abdul Hamid ne me parut ni attirant ni imposant; son visage était penché et il n'y avait rien de royal dans son maintien. Mais tout de même c'était une de ces figures qui ne peuvent pas ne pas frapper l'imagination. On y voyait un tel sentiment de sa puissance, une telle conviction de son droit de vie et de mort sur tous ceux qui l'entouraient, que même des étrangers ignorant son identité auraient eu peine à le prendre pour un autre que pour le sultan.

On a dit souvent qu'Abdul Hamid était un tyran.

Je ne le crois pas. Il n'avait pas le fond d'un tyran. Il pouvait se rendre coupable de cruautés sans mesure mais plutôt sous l'influence d'une terreur constamment obsédante de l'assassinat que par une méchanceté inhérente à sa nature.

Ses impressions d'enfance avaient été terriblement tristes et les premières années de sa vie — passées, comme elles le furent, dans un demi-emprisonnement — lui avaient laissé une méfiance instinctive de tous et de tout.

Je fus très renseigné sur l'histoire de la jeunesse d'Abdul Hamid par mon entourage où se trouvaient des personnes ayant passé plusieurs années à Péra. Péra est cette partie de la ville où sont situées les ambassades et où la colonie étrangère a sa résidence tout à fait distincte de celle des sujets turcs, groupés à Stamboul ou au delà, de l'autre côté de la Corne d'or. Pour des raisons ethnologiques, comme si Constantinople était hors de la carte d'Europe, Péra est appelé le quartier européen — il serait plus correct de dire le quartier chrétien.

Dans les jours agréables de ma première visite, pendant que je paressais dans les salons de Pera, que je visitais Stamboul ou Galata ou poussais à travers le Bosphore jusqu'à Scutari, bien des choses m'ont été dites sur Abdul Hamid. Mes observations personnelles aussi, soit pendant ce séjour, soit au cours de la seule autre visite que je fis à la Sublime Porte pendant son règne, complétèrent mes renseignements sur le caractère du Souverain de la Turquie.

Quand il devint sultan, il fut très vite hanté par la conviction de la nécessité impérieuse d'avoir recours à certaines mesures, si contestables qu'elles fussent, pour conserver son trône. Bien que son éducation eût été négligée, il avait une très grande intelligence naturelle avec laquelle se combinait un instinct de ruse comme l'Orient seul en peut produire.

C'était un politique habile, mais ses sentiments n'étaient ni patriotiques ni nobles. Il donnait l'impression que le destin de la Turquie lui était profondément indifférent et qu'il n'avait souci que de son propre avenir. Abdul comprenait seulement que la sécurité de son trône dépendait de la situation que son pays serait capable de conserver en même temps que des progrès qu'il pouvait réaliser au milieu des intrigues diverses qui agissaient sur les conditions de la vie dans l'Empire ottoman.

Il aurait préféré par-dessus tout, m'a dit quelqu'un qui eut pendant des années sa confiance, mener une vie tranquille dans l'intimité de son harem. Ne pouvoir vivre ainsi était pour lui la source d'un regret et d'un chagrin constants, mais sa tristesse n'en fit pas un oisif et l'amena au contraire à donner une attention considérable aux affaires européennes. Les événements ont très clairement montré à ceux qui étaient derrière la scène avec quelle ingéniosité il s'est efforcé de faire rechercher sa coopération et son alliance. Abdul Hamid était assez avisé pour discerner ce qu'il y avait en réalité sous les protestations d'amitié que lui prodiguaient certaines puissances européennes. Il voyait fort bien que les tentatives faites pour se rapprocher de lui ou obtenir son concours étaient inspirées beaucoup plus par l'espérance de tirer de lui quelque avantage que par le désir d'entretenir de bonnes relations avec son gouvernement.

Abdul régla ses actes d'après ce sentiment et reçut les avances avec une habileté perfide qui finit par lui valoir la défiance de presque toutes les puissances et le mépris de tous les souverains d'Europe sans aucune exception.

Cependant, par le seul fait qu'il occupait le trône de Mahomet II et du Grand Soliman, il était une des plus importantes personnalités royales du Continent. Mais on était tenté de perdre de vue cette considération, surtout parce qu'on avait le sentiment que son règne serait court. Il partageait lui-même avec angoisse cette croyance et vivait dans la terreur d'une de ces révolutions de palais qui avaient jeté ses prédécesseurs du haut du trône dans une prison d'où ils n'étaient jamais sortis vivants. Il estimait que la stabilité était la chose essentielle en même temps que la plus incertaine et il pensa pouvoir se l'assurer par la tyrannie. Il oubliait que la tyrannie engendre aussi la révolution.

A mes yeux, comme probablement aux yeux de beaucoup d'autres, Abdul Hamid était une énigme. C'était un parfait caractère d'Oriental, j'en fis personnellement l'expérience, et un de ses traits distinctifs, et non le moindre, était une dissimulation constante de ses vraies pensées. Parmi ceux qui le voyaient chaque jour et en qui il semblait — au moins en apparence — avoir confiance, bien peu arrivaient à deviner ce qu'il avait dans l'esprit. Il poussait si loin cette faculté de dissimulation, qu'il réussit notamment à cacher à tout le monde qu'il savait le français dans la perfection.

Il pouvait ainsi prétendre, soit que ce qui lui avait été dit par des ambassadeurs étrangers n'avait pas été correctement interprété, soit qu'il n'avait pas saisi le sens exact des communications qui lui étaient faites.

Cette incroyable rouerie a eu sur le cours des événements beaucoup plus d'importance qu'on ne pourrait le croire. Il est probable que bien des complications fâcheuses ou sanglantes eussent été épargnées à l'Europe sans cette supercherie d'Abdul.

Je tiens du baron Marshall von Bieberstein lui-même qu'à sa connaissance la seule personne qui la découvrit fut l'empereur Guillaume II, qui, pendant sa visite à Constantinople, au cours d'une conversation avec le Sultan, renvoya brusquement l'interprète, et, se tournant vers son hôte interdit, lui dit crûment qu'il valait beaucoup mieux poursuivre entre eux seuls la discussion, parce qu'il savait fort bien qu'ils pouvaient se comprendre sans l'aide d'un tiers.

Abdul Hamid eut un tel saisissement de surprise qu'il ne put trouver un mot pour contester cette affirmation et ce fut seulement à la fin de la conversation qu'il demanda à son partenaire de ne pas révéler à d'autres le secret qu'il avait pénétré. La réponse de l'empereur fut typique : « Vous pouvez être tranquille à cet égard », lui dit-il. « Il est plus encore de mon intérêt que du vôtre que le monde persiste à croire que vous ne savez pas le français et que, par suite, nous n'avons pas pu avoir ensemble une conversation politique. »

J'ai raconté cet incident parce qu'il jette quelque lumière sur les événements qui suivirent. Le commandeur des Croyants et le tout-puissant empereur avaient appris à mesurer leur force respective et à voir qu'une alliance entre eux pourrait un jour produire de grands événements. Mais, dans ce jeu, l'avantage resta longtemps du côté d'Abdul Hamid qui comprit avec finesse comment il pouvait profiter de la situation. Il mit constamment en opposition l'Allemagne et la Russie ou la Russie et l'Angleterre, et obtint par cette tactique des prêts considérables dont il se servit beaucoup plus souvent pour ses extravagances personnelles que pour les besoins de son pays.

Son habileté à jouer le jeu de la politique sur l'échiquier de l'Europe était telle que presque toujours on constatait que, lorsqu'il était menacé par une conspiration dans son empire ou par une agression du dehors, Abdul s'était arrangé pour obtenir à son profit l'intervention de l'une ou l'autre des grandes puissances.

Si on jette un regard d'ensemble sur le règne d'Abdul Hamid, la conclusion de l'historien sera sans aucun doute que la Turquie a gardé son importance politique tant qu'il est resté sur le trône, mais a montré un déclin intellectuel évident. Le mouvement des Jeunes-Turcs et les premières tentatives pour l'émancipation des femmes n'étaient que des signes illusoires de progrès et n'ont mené en réalité qu'à très peu de chose dans la voie de l'affranchissement national. En fait, la police barrait la route au progrès de la civilisation et de la culture. L'ambition était un facteur inconnu, parce que chaque jour on courait le risque d'être la victime de la police secrète, dont le pouvoir était formidable; c'était la seule institution de l'empire ottoman qui ne fût ni à vendre ni à acheter, pour cette raison qu'elle était entièrement sous le contrôle du sultan, qui se réservait un droit absolu sur ceux qui avaient le malheur de lui déplaire.

Chaque matin le fonctionnaire chargé de cet important département venait faire à Yildiz Kiosk un rapport sur tout ce qui s'était passé à Constantinople dans les dernières vingt-quatre heures. La police exerçait

spécialement son activité dans le quartier des étrangers et des diplomates et aussi sur quelques familles
turques suspectes de tendances progressistes. Le
nombre d'exécutions secrètes qui eurent lieu sous le
règne de l'ancien Sultan passe pour avoir été énorme;
que de fois un homme ou une femme a disparu subitement, après une sortie pour une promenade ou une
visite. Abdul Hamid avait pour principe que le plus
sûr moyen de rendre ses ennemis inoffensifs était de
les supprimer. Avant de monter sur le trône, il avait
été témoin de tant de conspirations de palais, assisté
à la discussion de tant de complots contre le souverain
du jour, qu'on ne doit guère être surpris qu'il s'attendit sans cesse à trouver un ennemi caché derrière un
rideau pour l'assassiner.

Les précautions dont le sultan s'entourait à Yildiz
Kiosk étaient tout à fait extraordinaires. Un pur
hasard me fit découvrir un secret jalousement gardé,
et qui, je crois, n'a jamais été rendu public. Je veux
parler de ce fait curieux que le chef de son service
d'espions secrets et de gardes du corps était un ancien
détective allemand qui avait eu, dans les années précédentes, la mission de veiller à la sûreté de l'empereur Guillaume Ier. On raconte que Guillaume II le
recommanda à Abdul Hamid au cours de la visite à
laquelle j'ai déjà fait allusion. Tant que cet homme
resta à son poste, aucun des nombreux complots dirigés contre le sultan ne réussit. Ce prince des agents

secrets mourut peu de temps avant la réussite de la conspiration qui jeta Abdul à bas de son trône.

Il n'est guère douteux que, lorsque Guillaume II fit sa visite à Constantinople, il espérait amener le sultan à contracter une alliance avec l'Allemagne. Il ne réussit pas, en partie parce qu'il insista avec beaucoup trop d'ardeur, donnant ainsi au gouvernement turc une idée exagérée de son importance par la vivacité même du désir que paraissait avoir de son concours le monarque qu'on regardait comme le plus puissant de l'Europe. Une autre raison de l'échec de Guillaume II fut qu'Abdul Hamid pensa avec sagesse qu'il pouvait être plus avantageux de voir s'il ne trouverait pas de meilleures conditions ailleurs.

Rien n'était plus amusant que de surveiller les péripéties de ce jeu d'échec diplomatique. En faisant jouer une ambassade contre l'autre, le monarque ottoman s'assura des années de tranquillité et, dans une certaine mesure, obtint de plus grands avantages pour l'expansion et le développement de son peuple que s'il avait agi autrement. Quand les Serbes ou les Bulgares préoccupaient l'Empire turc, quand l'Angleterre le harcelait pour quelque concession commerciale, quand la Russie la menaçait d'une invasion en Asie Mineure, le sultan faisait appeler l'ambassadeur accrédité à sa cour et tâchait d'aplanir la difficulté soulevée, généralement en promettant quelque chose. En désespoir de cause, il faisait appel à son bon ami

Guillaume II, qui paraissait penser qu'il avait l'impérieux devoir de veiller sur le bonheur du Turc.

Entre temps, de petites choses, — ou du moins qui étaient aux yeux d'Abdul de moindre importance, — comme la concession du chemin de fer de Bagdad, étaient concédées aux entreprenants Teutons. Et, ce qui avait plus de prix, l'ambassadeur d'Allemagne, le baron Marshall von Bieberstein réussissait à gagner la confiance d'Abdul Hamid et ne doutait pas qu'il se fût, par là même, assuré voix prépondérante dans ses conseils.

Le baron Marshall von Bieberstein était peut-être le seul homme au monde qui fût exactement au courant des desseins réels de la politique suivie par Guillaume II; et j'ai toujours pensé que c'était en partie d'après ses conseils que l'Empereur avait adopté, à l'égard du monde entier, l'attitude qui avait si bien égaré sur ses véritables visées.

Adroit, insinuant en dépit de ses manières rudes et de son goût pour le franc parler, le baron von Marshall était le plus profond observateur de la nature humaine qu'il m'ait jamais été donné de rencontrer. Il jugeait la valeur intellectuelle et morale d'un homme avec une justesse infaillible, après seulement quelques minutes de conversation avec lui. Il avait deviné tout de suite la couardise, la barbarie et la fourberie orientale qui étaient le fond du vrai Abdul Hamid. Il sut admirablement jouer de ce caractère selon ce que l'occasion exigeait. De plus, il était parvenu à s'assurer des alliés secrets dans l'enceinte la plus fermée d'Yildiz Kiosk. Je n'entends pas dire que les représentants des autres puissances n'avaient pas su, eux aussi, se ménager des influences intéressées et des sources d'informations et de renseignements intimes, mais il m'a toujours semblé qu'à cet égard le baron avait distancé de beaucoup ses rivaux. Il n'avait pas seulement à son service l'agent de police dont j'ai déjà parlé, mais aussi le chef des eunuques et, conquête plus précieuse encore, une esclave chrétienne, favorite du Padishah, qui l'aida fidèlement de son influence, à raison surtout de l'hostilité dont elle était l'objet de la part des autres habitants du harem.

Le cas de la favorite me conduit à cette réflexion, d'une vérité à mes yeux certaine, que, dans l'Empire ottoman, les événements politiques sont à la merci du plus futile incident et sont très souvent dirigés par les courants intérieurs de la vie turque, qui sont et resteront longtemps pour les étrangers d'impénétrables mystères.

En dehors de son amour de l'argent, Abdul Hamid n'avait pas d'autre grande passion. Sensuel comme tous les Orientaux, il ne se souciait des femmes que pour la satisfaction brutale qu'il trouvait dans leur possession. L'amour était chose inconnue pour lui et pourtant il tomba sous l'influence de la femme dont je viens de parler, qui réussit à gagner son entière confiance et à devenir son associée dans nombre de plans et de desseins. Bien élevée, extrêmement adroite et intrigante, cette esclave chrétienne, que les circonstances avaient jetée dans le harem impérial, était trop heureuse d'être mêlée à une conspiration politique d'importance. Elle devint, en quelque sorte, un pion dans le jeu diplomatique joué par le baron Marshall von Bieberstein et fut, dans une large mesure, mêlée aux efforts qu'il faisait pour obtenir l'adhésion d'Abdul Hamid aux plans de l'empereur Guillaume II.

Pour un homme aussi perspicace que le baron von Marshall, il ne fut pas difficile de découvrir quelle alliée précieuse pouvait être cette femme. Pour la facilité de ce récit, nous l'appellerons Amina. Bieberstein la flatta, lui fit de riches cadeaux, fit luire à ses yeux de brillantes perspectives et l'amena à penser que, si la Turquie entrait entièrement dans les plans de l'Allemagne, elle serait très fortement appuyée dans son ambition d'être reconnue comme la seule femme légitime d'Abdul Hamid.

D'autres diplomates avaient essayé de l'approcher; entre autres, le comte Corti, qui pendant pas mal d'années avait occupé le poste d'ambassadeur d'Italie à Constantinople, et qui avait été le premier à se rendre compte de l'influence du harem sur les décisions les plus importantes. Tous les efforts de ces messieurs échouèrent complètement; Amina refusa de les écouter. La tactique du baron von Marshall fut différente de la leur; il chercha d'abord quelles étaient les dames turques admises dans l'intimité du harem et suggéra à l'une d'elles de le représenter comme un admirateur d'Amina. Puis, un jour, il s'arrangea pour se trouver dans un bazar, marchandant des tapis et des turquoises, en même temps que la favorite du sultan. Un large bakshish distribué aux eunuques qui accompagnaient Amina et au Persan dans la boutique duquel on était, lui permit de rester seul avec elle pendant quelques minutes. Il dit aussitôt à la jeune habitante du harem impérial qu'il avait si souvent entendu parler d'elle qu'il se croyait sûr qu'elle voudrait bien répondre à son appel et user de son influence, qu'il savait très grande, sur le sultan, pour amener Abdul à accepter certaines propositions venant de Berlin.

L'histoire — qui m'a été contée avec toutes les apparences de la vérité et qu'ont confirmée certaines circonstances à ma connaissance personnelle — ajoute qu'il lui peignit les brillants résultats qui sortiraient de leur entente, la puissance qu'obtiendraient Abdul et, par suite, elle-même, s'ils permettaient à son maître Guillaume II d'aider la Turquie à restaurer le grand empire musulman. Amina tomba dans le piège et l'Allemagne acquit ainsi, dans l'entourage immédiat du sultan, une alliée puissante qui tenait régulièrement Marshall au courant de ce qu'on demandait au sultan et de ce qu'il projetait. Grâce aux renseignements ains obtenus, le diplomate allemand était en mesure de gagner Abdul Hamid à ses vues ou d'obtenir son adhésion à telle ou telle action secrète qu'il avait reçu de Berlin la mission de suggérer.

Ces instructions particulières émanaient non de *la Wilhelmstrasse,* mais de l'empereur Guillaume lui-même qui les donnait dans des lettres autographes apportées par des messagers spéciaux. Un jour où était venue une communication d'une importance exceptionnelle, Abdul Hamid, sous l'influence d'Amina, consentit à recevoir le baron Marshall von Bieberstein au milieu de la nuit. Cette entrevue confidentielle aboutit à de grandes choses, car de ce jour l'Allemagne devint le grand facteur dans la politique et l'administration turques. Pendant un certain nombre d'années, des officiers allemands avaient été « en congé » à Constantinople. C'est ainsi qu'en 1883 von der Goltz jeta les bases de l'œuvre à laquelle, dans l'avant-dernière période, son nom a été attaché, la reconstitution d'après les méthodes allemandes de l'armée ottomane. Diverses autres missions ont été aussi échangées. Il est à remarquer qu'après la nomination du baron von Marshall, les entreprises allemandes devinrent moins secrètes, que la réorganisation de l'armée turque sous la direction d'officiers d'origine allemande fut conduite avec plus de zèle et fut acceptée avec moins de répugnance par les officiers ottomans.

Quand cette œuvre d'éducation de l'armée d'après les méthodes européennes fut commencée par l'Allemagne, elle n'avait eu qu'un succès médiocre. Les officiers allemands n'avaient pas grand goût pour leur tâche et laissaient voir leur malveillance, sinon leur mépris, pour les soldats musulmans. D'autre part, et peut-être par suite de cette attitude, les éléments de l'armée turque se montraient visiblement hostiles à la discipline européenne. On se heurtait à des difficultés de toutes sortes. Les Turcs à ce moment se résignaient mal à être commandés par des officiers chrétiens. Les musulmans n'avaient pas la foi dans la tactique européenne et les autorités militaires turques trouvaient désagréable d'être ainsi sous les ordres d'intrus et d'étrangers.

Quand éclata la guerre avec la Grèce, on vit bien que l'influence allemande avait donné aux troupes turques une puissance qu'elles n'avaient pas auparavant. Cependant l'armée se plaignit que ce qu'on appelait la réforme ne lui eût pas donné une victoire plus rapide et plus facile.

Ainsi qu'on pouvait s'y attendre aussi, la France et l'Angleterre, pendant toute cette période, ne cessèrent, par l'intervention de leurs ambassadeurs, d'entraver l'activité de la mission militaire allemande; et, pour une cause ou pour une autre, le grand effort allemand pour conquérir une influence prépondérante en Turquie sembla n'aboutir qu'à des résultats insignifiants. Je dois dire, pourtant, que l'Angleterre n'avait pas les yeux très ouverts et faisait preuve d'une singulière apathie juste au moment où une surveillance attentive devenait particulièrement nécessaire.

La raison profonde de ce demi-échec de l'entreprise allemande était que la mission germanique n'avait jamais été franchement acceptée par Abdul Hamid, qui à ce moment était en réalité encore hésitant sur le côté vers lequel il devait pencher.

Il y eut une heure à laquelle il eût été facile de l'entraîner sous l'influence française, mais la Russie ou bien ne comprit pas ou bien ne voulut pas accueillir les suggestions qui lui étaient faites pour l'amener à se mettre ouvertement en lutte contre l'influence allemande. A l'époque dont je parle, l'alliance franco-russe était encore dans la période d'enfantement. Le comte de Montebello, ambassadeur à Pétrograd — ou à Saint-Pétersbourg, comme on disait alors — qui, ayant été pendant quelques années en la même qualité à Constantinople, connaissait bien la Turquie et le Sultan, n'attachait pas une importance suffisante à la possibilité, pour l'Allemagne, de devenir une force prépondérante dans les conseils d'Abdul. Il suivit, par suite, avec indifférence les efforts faits par Guillaume II pour acquérir un point d'appui solide sur le Bosphore.

Cette erreur capitale d'un homme qui aurait dû être mieux renseigné aboutit en fin de compte à la perte du prestige français en Turquie; en même temps les ambassadeurs successifs de la Grande-Bretagne dans ce pays ne s'aperçurent pas de l'affaiblissement, aux yeux des Turcs, de la force de la puissance anglaise et de l'amoindrissement du rôle que pouvait jouer l'Angleterre comme la plus grande puissance musulmane du monde. Bien qu'on n'en eût pas la claire vision à cette époque, cela devait entraîner de terribles conséquences.

Lorsque, durant cette période lointaine, l'Allemagne faisait ses premiers efforts pour soumettre la Turquie à son influence, bien des gens s'étonnaient de l'intérêt persistant que prenait l'empereur d'Allemagne à tout ce qui concernait le développement militaire de la Turquie. Beaucoup se demandaient ce qui le poussait à se montrer aussi bien disposé envers une nation qui était évidemment au dernier degré de la décadence.

Un jour, après mon retour de Constantinople, je me trouvais à une réunion mondaine diplomatique — dans l'un de ces salons commodes où l'on peut causer sans que des curieux cherchent à savoir pourquoi tel ou tel est en conversation avec tel ou tel. — Une certaine princesse L... y échangea des confidences avec moi. Je lui racontai pas mal de choses sur Constantinople et les intrigues que j'y observais — toutes choses, d'ailleurs, sans grand intérêt, — et elle me répondit avec des potins piquants du même ordre. Mais je n'ai jamais oublié quelques-uns de ses propos, parce qu'ils répondaient à une question qui s'était longtemps posée dans mon esprit.

J'en étais venu à faire allusion au mystère de l'amitié qu'on commençait à voir apparaître en Allemagne pour la Turquie. La princesse, alors, me dit, en riant, que j'étais en train d'essayer de lui jeter de la poudre aux yeux, mais que je perdais mon temps, parce qu'elle avait entendu elle-même l'Empereur dire à son mari qu'il n'avait aucune admiration pour le Sultan, mais que c'était l'homme au monde qui pouvait un jour être le plus utile à l'Allemagne.

Il a, poursuivit la princesse L..., expliqué ainsi sa pensée : « L'Allemagne a beaucoup trop d'ennemis pour que je puisse être sans inquiétude sur ce qu'amèneront les années qui vont venir. Notre suprématie navale est mise en échec par l'Angleterre en même temps que par la France, et notre oncle Édouard, lorsqu'il deviendra roi — ce qui ne sera pas de sitôt, espérons-le — fera de son mieux pour exciter nos ennemis contre nous. Dans ces conditions, il serait de notre intérêt d'avoir la Turquie à nos côtés, ne serait-ce que pour la diversion qu'elle pourrait être amenée à faire par une incursion en Égypte qu'elle tenterait pour l'arracher au joug anglais. Cela occuperait l'activité de l'Angleterre et, après tout, c'est ce qu'il nous faut. Réfléchissez à tout cela et peut-être vous partagerez mon opinion que le Sultan et le bonheur de la Turquie ne peuvent m'être indifférents. »

C'est à ce moment que le baron Marshall von Bieberstein fut envoyé à Constantinople en octobre 1897.

Beaucoup de personnes virent un indice significatif dans le fait que l'ex-secrétaire aux Affaires étrangères était appelé si vite à ce poste diplomatique, à peine deux mois après la signature de l'accord franco-russe, et pensèrent avec satisfaction que ce serait un obstacle apporté à la possibilité d'une renaissance de l'influence russe à la Sublime Porte, influence que le Tsar, maintenant qu'il pouvait espérer l'aide de la France, devait être tenté de reconquérir.

En envoyant von Marshall à Constantinople, l'empereur d'Allemagne avait fait preuve de discernement. L'action du nouvel ambassadeur ne tarda pas à se faire sentir d'une façon palpable. Il ne fut pas en faveur à Yildiz pendant les premiers jours de son arrivée à l'ambassade, mais il amena promptement Abdul à changer d'attitude; il y fut aidé par les assurances venues de Berlin qui le représentaient comme étant, ce qu'il était en effet, un homme tout à fait aimable. Quand il eut triomphé de la réserve du Sultan, il songea à s'assurer des amitiés utiles et à trouver autour de lui des personnes disposées, en écoutant des offres de réciprocité, à l'aider dans ses désirs.

Un des résultats de cette délicate recherche fut l'entente amicale de von Marshall avec Amina, obtenue de la façon que j'ai déjà dite, et qui était un atout de valeur considérable pour ses intrigues diplomatiques.

. Juste au moment de la déposition d'Abdul Hamid,

cet instrument de l'ambassadeur d'Allemagne fut l'héroïne d'une curieuse aventure, dans laquelle une des lettres personnelles de l'empereur Guillaume faillit tomber entre les mains des dernières personnes de qui celui-ci aurait souhaité que ce qu'elle contenait fût connu. Elle aurait été certainement découverte par les Jeunes-Turcs sans la présence d'esprit d'Amina qui la prit en hâte sous le coussin sous lequel elle avait été cachée et réussit à la jeter au feu à l'instant même où la porte de la chambre à coucher qu'elle partageait avec Abdul Hamid était forcée. Plus tard, elle s'arrangea pour faire savoir à Guillaume II ce qu'elle avait fait, et fut généreusement récompensée pour l'à-propos de son geste.

Il eût été, certes, infiniment fâcheux pour l'empereur allemand que le texte de cette lettre fût révélé, parce qu'il était en contradiction absolue avec les négociations qu'il avait entreprises contre Abdul Hamid. Celui-ci avait si longtemps persisté dans l'attitude équivoque qu'il croyait la plus habile, qu'à la fin Guillaume II avait pensé qu'il se jouait de lui. Sur quoi il s'était tourné vers les Jeunes Turcs en qui il avait l'espoir de trouver des alliés plus loyaux.

A ce moment précis les menées souterraines du baron von Marshall, qui avait jusqu'alors constamment prévenu le Sultan qu'une conspiration formidable était tramée contre lui, avaient attiré l'attention d'un Serbe fort intelligent. Ce Serbe avait joué lui-même, soit dit en passant, un rôle important dans les troubles politiques de son pays. Il avait pénétré les visées diplomatiques de Bieberstein et, revenant de Turquie, avait avisé le gouvernement russe des intrigues que l'Allemagne menait à Constantinople. Il indiquait que le but de ces menées était la conclusion d'une alliance défensive et offensive entre l'Allemagne et l'Empire ottoman. Le gros appât pour le Sultan était l'espérance de reconquérir ainsi l'Égypte, Batoum et peut-être la forteresse de Kars en Arménie. Guillaume II, de son côté, croyait trouver un avantage appréciable dans la certitude qu'avec le Sultan pour allié, si la guerre éclatait entre l'Allemagne et la Russie, celle-ci verrait son commerce paralysé dans la mer Noire.

L'homme politique serbe, auquel je viens de faire allusion, avait vu clair dans ce jeu, mais, malheureusement, ses avertissements à Pétersbourg avaient été dédaignés. On l'avait considéré comme un visionnaire prenant pour des réalités les billevesées d'une imagination détraquée. Pour l'Allemagne, ce fut une bonne fortune que le seul homme qui avait deviné le véritable caractère des desseins de Guillaume II ait été traité de fou. A ce moment la propagande de l'Allemagne à la Sublime Porte fut, pour quelque temps, voilée d'ombre, parce que d'autres événements absorbaient l'attention du monde, et peu à peu la Turquie vint à n'être considérée comme un élément dangereux que dans le seul cas de complications éventuelles que le développement des différents États slaves, persécutés par elle pendant des siècles, pouvait précipiter. Son destin, au regard des grandes puissances de l'Europe, semblait clos; financièrement elle était impuissante, et ses ennemis voyaient l'Empire ottoman voué à une décomposition définitive.

Cependant, à l'insu de tous, sauf des premiers protagonistes, la réorganisation des différentes institutions de cet Empire méprisé commençait, et une voix, au moins, faisait entendre à la Turquie que, si seulement elle persévérait à accroître sa puissance militaire, elle pourrait, à un moment donné, réserver une surprise redoutable à ceux qui avaient déjà escompté sa mort et sa disparition de l'arène politique.

En disant que cela se tramait dans un tel secret que personne ne le soupçonnait, je ne suis pas tout à fait dans la vérité. Un petit cercle en Turquie devinait que quelque chose d'important se préparait.

Au milieu des nuages qui obscurcissaient l'opinion générale, le parti jeune-turc naissait à une vie ardente. Il existait depuis des années avec des vues moins ambitieuses et menait, dans un mystère bien gardé, une campagne pour l'introduction sous son égide d'un véritable progrès dans les méthodes de gouvernement. Assez vite ce parti avait compté dans ses rangs les hommes politiques les plus importants du pays et le mouvement qu'il organisait était vu avec sympathie par l'armée. Il acceptait le maintien d'Abdul sur le trône et n'attaquait que la corruption administrative; on eut même un moment le projet de décider le Sultan à conduire le parti constitutionnel au succès. Mais Abdul Hamid n'était pas homme à accepter un pareil rôle, et très vite l'énergie avec laquelle il s'efforça de briser la puissance du Comité Union et Progrès, nom donné par les Jeunes-Turcs à leur comité exécutif, lui fit plus d'ennemis que jamais.

Les choses étaient en cet état d'agitation bouillante à Constantinople quand Enver Bey émergea au premier rang. Un incident dont j'aurai à parler plus tard l'avait mis en relations avec le baron von Marshall, qui vit très rapidement quelle ambition cachait le sourire de ce futur héros de la plus importante révolution des temps modernes. Le baron invita souvent le Bey à l'ambassade et, en ayant fait son ami, l'amena à parler des sentiments de l'armée à l'égard du Sultan. Quand il eut la certitude qu'il existait un fort parti désireux de se débarrasser d'Abdul Hamid, il demanda très brusquement à Enver Bey pourquoi il ne se mettrait pas à la tête d'une révolution tendant à déposséder le sultan d'une couronne qu'il ne portait ni avec dignité ni avec vaillance.

Enver Bey n'était pas un écervelé et il fit d'abord la sourde oreille à la suggestion de l'ambassadeur. Par une coïncidence assez curieuse, pendant qu'il se demandait quel parti il allait prendre, il vint aux oreilles d'Abdul qu'un complot, à la tête duquel était Enver, se préparait contre sa vie.

Abdul Hamid ne perdit pas de temps pour agir et, aussitôt l'avis reçu, il ordonna l'arrestation d'Enver Bey. Enver, au même moment, était averti du sort qui le menaçait par le baron von Marshall lui-même, qui évidemment jugeait sage d'avoir des amis partout. Il évita l'arrestation, mais la route vers de nouvelles dignités et de nouveaux honneurs lui était ainsi barrée. Il fut chassé de son régiment et condamné à mort. Il en conçut, on le devine, un ressentiment amer. On ne lui fit même pas connaître le motif de sa dégradation, et il ne sut jamais que sa chute avait pour cause la fausse accusation de complot portée, par l'intermédiaire d'Amina, au sultan. De là germa dans son cœur un sentiment de colère vengeresse qu'il laissa dormir mais qui n'attendait qu'une occasion pour éclater en une violente entreprise contre son souverain. De sa retraite en Asie Mineure, il organisa, avec les nombreux amis qu'il avait à Constantinople, une véritable conspiration contre Abdul Hamid, qu'on eut d'abord l'intention de mettre à mort sans autre cérémonie.

Je sais personnellement que le baron von Marshall, qui avait été fidèlement informé de tout ce qui se tramait, hésita devant cette solution extrême. La vie du Sultan devait être épargnée et, sous aucun prétexte, il ne devait subir d'autre désagrément que celui d'une déposition. Les ordres de l'empereur Guillaume furent formels sur ce point, et le baron ne consentit qu'à cette condition à fournir aux conjurés l'argent qu'ils demandaient pour mettre leurs projets à exécution. Il voulait bien déposséder Abdul Hamid de son trône mais il n'entendait pas perdre, avec lui, un atout aussi précieux pour le jeu que jouait son maître.

On sait comment le coup fut fait, mais il ne le fut qu'après qu'Amina eut été secrètement prévenue d'avoir à mettre en lieu sûr tous les objets de valeur, argent et bijoux, qu'elle possédait et qui furent, pour éviter tous risques, déposés à l'ambassade d'Allemagne.

La grande erreur d'Abdul Hamid, celle à laquelle, en fin de compte, il dut sa chute, fut de n'avoir pas compris que la fourberie orientale ne pouvait pas toujours réussir. Il était devenu si impopulaire dans son propre pays et parmi ses sujets qu'il ne pouvait espérer garder sa couronne qu'en s'assurant un appui au dehors et, par sa conduite équivoque, il les avait tous écartés de lui. Avec toutes ses habiletés de politique qui ne veut pas être dupe, il n'était en somme qu'un despote oriental. Malheureusement pour lui, la nation qu'il gouvernait était lasse des despotes, alors qu'elle aurait accepté de vivre sous un souverain absolu selon la formule du Koran, comme ceux que l'Islam a adorés dans les siècles passés. Abdul avait cru que, pour consolider sa situation, il devait inspirer la terreur; mais au lieu de la crainte, il n'avait obtenu que la haine et le mépris de son peuple.

Son caractère était un singulier mélange d'audace d'esprit et de conception et de peur d'un destin inconnu et terrible qu'il voyait constamment suspendu sur lui et sa race. Avare à un degré qui n'a jamais été mis suffisamment en lumière, il se hâtait, dès qu'il était informé par le baron Marshall von Bieberstein qu'un complot était préparé contre lui, de mettre en sûreté tout ce qu'il pouvait des trésors et de l'argent qu'il avait amassés; et aujourd'hui encore, dans deux banques allemandes, des sommes considérables, dont bien peu de ceux qui ont eu sa confiance ont une idée, sont déposées à son crédit; ses ennemis n'ont jamais réussi à en soupçonner l'importance.

Jamais — et c'est là un signe curieusement caractéristique du fatalisme oriental — il n'a songé à recourir, pour assurer sa sécurité, à d'autres précautions que celles qu'il avait, une fois pour toutes, adoptées. Sauf qu'il ne couchait jamais deux nuits de suite dans la même chambre, il était invariable dans ses habitudes de vie. On l'avait engagé à se réfugier à un endroit où il eût pu être mieux gardé qu'à Yildiz; il a toujours refusé.

Le sultan Abdul Hamid était un fourbe. Il n'ignorait rien de la corruption et de la concussion qui s'étalaient partout dans les sphères officielles, mais, dans le secret de son cœur, il savait qu'il n'était pas, lui-même, à cet égard, à l'abri de reproche. Il se souvenait des occasions dans lesquelles, pour telle ou telle concession, il avait, comme les autres, accepté des bakshibs et avait fait entrer dans ses poches quelques millions qui auraient dû aller dans les coffres de l'État.

Quand vint sa chute et qu'il fut emprisonné à Salonique, le fait qu'il était si riche et qu'il était si désirable de mettre la main sur sa fortune cachée à tous les yeux, préserva certainement sa vie ; autrement, et malgré l'ambassadeur d'Allemagne, il eût été tué aussitôt que pris. C'est à cela qu'Abdul Hamid dut de continuer à pouvoir menacer du doigt les révolutionnaires qui lui avaient volé son trône. Pendant des années il les tint comme au bout d'une ligne, distribuant de temps en temps de petites bribes de quelques milliers de francs, sans jamais révéler où il avait caché ses nombreux millions. En plus de ce qu'il avait dans les deux banques de Berlin, il avait confié du numéraire pour une somme énorme à la garde personnelle de l'empereur Guillaume II, qui lui avait suggéré cette idée. L'empereur allemand tient ainsi les cordons de la bourse secrète d'Abdul Hamid ; en tout cas il les a tenus jusqu'au moment où a éclaté la guerre, et les intérêts de l'argent confié à ses soins étaient régulièrement remis à l'ex-sultan, sans que personne ait jamais pu découvrir le canal par lequel ils passaient.

Quand les Jeunes-Turcs l'ont fait prisonnier, il n'a

pas opposé la plus légère résistance, mais de sa prison
de Salonique, en dépit de la surveillance rigoureuse
exercée sur lui, il a réussi à rester en communication
avec l'étranger, notamment avec Berlin, et il a suivi
avec un extrême intérêt tous les événements qui se
sont produits à Constantinople. Il ne porte pas envie à
son successeur; au contraire il est resté en bons termes
avec lui et il n'a pas tardé à penser qu'un jour, s'il ne
retrouvait pas son trône perdu, il pourrait du moins
être autorisé à retourner dans un de ses palais sur le
Bosphore pour y finir ses jours dans le *far niente* si
doux aux cœurs orientaux. Il n'a pas eu de regret pour
le pouvoir suprême qui lui a été enlevé. En vérité, il
est peut-être plus heureux aujourd'hui qu'au emps
où, pendant des années, des millions d'hommes trem-
blaient à son approche.

Un nouveau sultan a été nommé dont j'aurai
à parler plus tard. C'était un homme faible, timide,
ayant bon cœur, mais sans aucune volonté personnelle.
Il avait été démoralisé par des années de demi-captivité
pendant lesquelles ses meilleures facultés avaient été
étouffées sous la peur continuelle d'être assassiné par
son frère qui lui avait voué une profonde haine. Il fut
plus que surpris de son élévation imprévue au trône
et tout à fait incapable de résister à la volonté de ceux
qui l'y avaient placé.

Sous son règne, la politique turque, qui avait été
conduite par la main de fer d'Abdul Hamid, fut lais-

sée à la direction d'hommes sans expérience et sans esprit de conduite. Il n'est donc pas surprenant que l'administration soit tombée sous l'influence allemande et sous la dépendance de la volonté de Guillaume II jusqu'à ce qu'enfin un traité d'alliance, que celui-ci avait longtemps essayé en vain d'obtenir, soit devenu un fait accompli. La Turquie apparut alors tout à coup comme un facteur de premier ordre dans les plus graves éventualités. Là où le maréchal von der Goltz avait échoué, le général Liman von Sanders allait très brillamment réussir.

A l'occasion, depuis son retour à son ancienne capitale, Abdul Hamid a donné, sans en être prié, des conseils à Mahomet V, que celui-ci n'a jamais eu à regretter d'avoir suivis : on dit qu'Abdul Hamid a exercé une grande influence sur l'attitude récemment adoptée par le gouvernement turc et sur la déclaration de guerre aux alliés. Quoi qu'il en soit, il est plus que certain que le souvenir des sympathies allemandes d'Abdul Hamid a fortement contribué à jeter la Turquie dans cette téméraire aventure. Dans sa retraite de Beylerbey, il reçoit plus de visites qu'on ne le croit et on m'a dit que le khédive Abbas Hilmi est venu plus d'une fois faire appel à son expérience et chercher près de lui des conseils.

Après avoir simulé la maladie et la mélancolie pendant les années de son internement à Salonique, il a tout à coup paru retrouver de nouvelles forces, et

quelques personnes disent qu'il se prépare à la possibilité de redevenir une voix puissante et d'agir de
nouveau sur les destinées de l'Europe. Malgré son
âge, il n'a rien perdu de son activité d'esprit. Le vieux
renard s'amuse en secret à regarder le drame qu'il a
contribué à préparer, mais dans lequel il s'est arrangé
pour n'avoir pas de responsabilité. En prenant sa
tasse de café, il se souvient du passé sans remords et
regarde l'avenir avec cette tranquillité parfaite que ne
connaissent que les saints ou les criminels endurcis.

CHAPITRE II

Mon premier voyage en Orient fut fait dans l'intention de visiter l'Asie Mineure et Constantinople.

Mon premier projet était d'aller directement à Smyrne, mais je fus si promptement intéressé par le milieu de Constantinople, que je ne fis presque rien d'autre qu'un séjour dans cette ville, étudiant les mœurs et pénétrant un peu — extrêmement peu, je dois l'avouer — l'esprit compliqué, pour ne pas dire tortueux, des Musulmans. Je m'arrangeai, il est vrai, pour faire une courte excursion à Brousse, mais, à part cela, je passai le reste du mois dont je disposais dans la capitale de l'empire turc.

On m'avait donné de nombreux renseignements sur les Pérotes — les habitants indigènes du quartier européen de Péra — et on m'avait toujours dit qu'ils présentaient un curieux mélange des traits de l'Oriental et de ceux des Européens de la classe moyenne. Il y a en cela une certaine part de vérité, mais cette description ne montre aux yeux de l'étranger qu'une très insuffisante peinture de leur caractère spécial et hétérogène.

C'est une des lois non écrites de Péra, aussi inaltérable que les décrets des Mèdes et des Perses, qu'on doit connaître tout le monde. Il n'est même pas permis d'acquérir cette connaissance peu à peu, mais une heure à peine après son arrivée, chaque nouveau venu est tenu d'entrer en relations avec tous ceux qui se considèrent comme composant le « vrai monde ». L'expression « vrai monde » est une des formules les plus employées à Constantinople et on s'en sert avec une telle prodigalité que, neuf fois sur dix, cela dépasse le sublime et tombe dans le ridicule. Par exemple, un certain boucher appartient au « vrai monde », tandis qu'il y a des pachas avec lesquels vous vous rencontrez chaque jour et qui ne peuvent pas revendiquer cette distinction, bien que leurs poitrines soient constellées de décorations et qu'ils occupent une très haute situation dans la hiérarchie militaire ou civile.

Les Pérotes, appellation dont, soit dit en passant, ils tirent une fierté démesurée, sont, pour la plupart, un mélange de races, une combinaison de sang grec et arménien allié de temps en temps à celui de descendants d'Européens plus occidentaux. Les femmes pérotes peuvent être amusantes, surtout par leur souverain mépris de tout préjugé, mais elles sont sans agrément. Leur éducation est médiocre et leur conversation un ramassis de médisances combiné avec de la vulgarité. Elles ne lisent à peu près rien, sauf des romans français d'ordre très inférieur et des journaux de même catégorie, comme il en existe en assez grand nombre en Turquie. Elles sont perpétuellement en quête des actions, des pensées d'autrui et en général de tout ce que font les dames turques de leur connaissance ou les étrangers qui arrivent dans cette foire aux potins qu'est Constantinople.

Ceux qui se tiennent le plus sur la réserve découvrent bientôt, avec autant de surprise que de dégoût, que garder un secret à Péra est impossible; d'une façon ou d'une autre vos projets ou vos intentions sont connus avec une rapidité incroyable de gens à qui vous êtes parfaitement étranger; l'intimité est une chimère. Le mot « société » dans la capitale de la Turquie est synonyme de petit espionnage; on ne peut pas sortir d'une porte sans être surveillé par une douzaine de gens qui se demandent pourquoi vous tournez à gauche quand il serait aussi facile de tourner à droite. Les mouvements de chaque bateau à vapeur qui se trouve dans le Bosphore sont connus moins encore par la forme particulière du bateau que par son sifflet distinctif, au bruit duquel les gens se précipitent à leurs fenêtres pour regarder avec une curiosité ardente où il va.

En territoire pérote, tout nouvel arrivant est l'objet d'une attention sans mesure à laquelle ceux qui n'en ont pas fait l'expérience, refusent obstinément de croire. En veut-on un exemple? Lorsque je fis ma première apparition au bal qui a lieu chaque samedi au grand hôtel de Thérapia, je vis immédiatement fondre sur moi une dame affligée de deux filles, qui toutes deux ressemblaient exactement à leur mère. Elle commença par m'interroger sur les motifs de mon voyage dans la capitale turque. Quand j'essayai de lui affirmer que j'y avais été simplement amené par le désir de voyager, et de voir en même temps des amis que j'avais à l'ambassade d'Allemagne, elle eut un sourire mystérieux et murmura : « Oh ! vous êtes discret comme tous les gentlemen, mais *nous* sommes renseignés. Nous sommes au courant de ce qui vous amène. » Et comme j'insistais pour lui affirmer qu'il n'y avait rien qu'elle eût pu entendre dire, elle cligna des yeux et me dit doucement : « A quoi bon essayer de faire le mystérieux ; nous savons tous que vous avez déjà été chez Mme A..., et, ajouta-t-elle sur un ton sourd et tragique, nous savons aussi que vous êtes pour elle un ami, un vieil ami. »

J'étais horripilé. La dame en question était la femme d'un de mes collègues, récemment marié. Je ne l'avais jamais vue avant mon arrivée à Constantinople, où son mari m'avait présenté à elle. Mais quand je voulus donner ce renseignement à mon inquisitrice, elle me regarda tranquillement et répliqua : « Oh ! il est inutile, croyez-moi, tout à fait inutile de nier ce que nous savons tous si bien. C'est, sans doute, fort délicat de votre part, mais vous ne pouvez pas surveiller votre figure, qui s'éclaire dès que vous regardez Mme A... »

Cette dernière phrase acheva de m'exaspérer et je m'enfuis en toute hâte, cherchant un refuge près de l'excellent ami avec la femme duquel j'étais ainsi accusé d'avoir une intrigue. Je lui demandai si c'était l'habitude dans la société de Constantinople d'être soumis à une inquisition sur sa vie passée. Il se mit à rire et me dit que je verrais et entendrais des choses bien plus extraordinaires, avant que j'eusse épuisé les délices de la capitale turque.

Je les vis en effet et arrivai très vite à cette conclusion que Constantinople est un endroit tout à fait charmant pour n'y pas vivre. Je serais tombé dans le désespoir si j'avais dû y faire un long séjour. Ce fut, du moins, ma première impression ; mais bientôt je fus pris par une sensation curieuse de satisfaction indolente. Je commençai à comprendre le charme d'une existence passée à paresser au milieu des roses et sous les platanes qui donnent une si agréable fraîcheur à ce merveilleux pays. Le sentiment de malaise que j'avais éprouvé d'abord s'évanouit ; je m'habituai à ce monde, à ses singularités et à son complet mépris de ce que nous appelons les conventions. Je commençai aussi à saisir quelque chose de la nature rêveuse des Orientaux et de cette insouciance des Turcs pour tout ce qui ne les concerne pas personnellement, en même temps que de leur parfait dédain de tout ce qui est européen.

Les femmes et le monde féminin du corps diplomatique se tiennent dans une réserve très exclusive; elles se soucient peu de frayer avec les Pérotes. A l'exception de quelques banquiers de grand renom, les Pérotes ne sont pas admis aux réceptions des ambassades. Je parle, du moins, des femmes. Les hommes du monde diplomatique, surtout les célibataires, ne s'interdisent pas des excursions dans ce milieu particulier où on parle si bien le français et où Mrs Grundy (1) est inconnue. On donne à Péra, l'hiver, des bals magnifiques et somptueux, et il arrive quelquefois qu'on y discute des questions politiques, lorsque quelque pacha ou quelque ministre honore la réunion de sa présence et y rencontre par hasard — ou plus souvent à dessein — quelque ambassadeur étranger en service commandé.

Ce fut à une de ces fêtes, donnée par un riche Arménien, que fut définitivement décidée la déposition d'Abdul Hamid. A une autre, le ministre de Bulgarie chuchota à son collègue de France que de grands événements se préparaient et que très probablement, dans peu de mois, on verrait entrer à Sainte-Sophie un empereur chrétien et jeter dehors le souverain musulman qui régnait en ce moment à Constantinople.

(1) Mrs Grundy est un nom de convention usité en Angleterre pour désigner une personne esclave des préjugés.

La vie en Turquie est constamment intéressante, même dans les périodes de suprême indolence. On y trouve toujours quelque chose à voir et quelque sujet d'observation où d'étonnement; pour qui veut étudier la nature humaine, il y a là des sources de jouissances qu'on ne trouverait nulle part ailleurs. En un mot, tout y est si complètement différent de ce qu'on voit habituellement, et on y est entouré de tant de souvenirs d'un grand passé militaire qu'il n'est pas possible de n'y pas ressentir une profonde impression. Tout dans l'Empire ottoman vous parle de gloires mortes et de héros ensevelis, de romans et d'aventures d'amour mêlés de crimes et de meurtres, de pleurs de femmes et de vengeances d'hommes.

A Constantinople, une promenade autour des vieilles murailles élevées par Justinien fait revivre ces jours où Byzance tenait le monde enchaîné à son char. Les minarets élancés et blancs, qui se dressent à chaque coin et attirent les yeux de quelque côté qu'on les tourne, sont pleins de souvenirs doux ou terribles; ils se lèvent sur le clair horizon de Stamboul comme pour défier tout conquérant d'y porter atteinte ou d'essayer de détruire leur délicate et triste beauté.

Dans ce paysage, qui ne ressemble à aucun autre, où abondent les cyprès et les myrtes et où les roses fleurissent toute l'année, on en vient à regarder les choses aussi bien que les hommes sous un jour tout à fait nouveau.

L'Occidental, habitué au spectacle de la vie active et aux dépenses d'énergie, ne peut s'asseoir longtemps sur les bords du Bosphore sans cesser de s'étonner de l'indifférence avec laquelle les Turcs assistent au lent démembrement du puissant Empire islamique. En Turquie rien ne compte en dehors de l'heure présente.

Ce qui me frappa surtout pendant mon premier séjour à Constantinople, ce fut l'attitude observée par les personnages du monde officiel turc dans leurs rapports avec la colonie européenne. Je les vis de temps en temps assistant solennellement aux réceptions des diverses ambassades ou mangeant dans un morne silence les dîners que leur offraient les gens importants de Péra. Ils parlaient à peine, et même les plus considérables, parmi les nombreux puissants pachas qui honoraient ces réunions de leur présence, s'imposaient de paraître ignorer le français ou les autres langues et de garder, autant que possible, un silence attentif.

J'eus la curiosité de connaître la raison de cette réserve de la part de gens que j'avais eu l'occasion de rencontrer dans l'intimité et que je savais ainsi parler l'anglais, le français ou même l'allemand assez couramment. On me dit qu'elle leur était imposée par la crainte des espions, toujours à l'affût pour rapporter ce qu'ils entendaient au Sultan. Cette peur, que fait peser sur les hauts fonctionnaires turcs le souci de leur sécurité, mettait aussi une sourdine à la médisance et j'ai remarqué que, dès qu'un Turc paraissait dans un salon de Péra, la conversation devenait moins potinière et plus charitable.

L'intrigue, à Constantinople, imprègne toute l'atmosphère. Dans un pays où presque tout est à acheter ou à vendre, il n'est guère surprenant qu'on fasse d'ardents efforts pour tirer des ressources de l'Empire tous les bénéfices qu'on peut trouver à sa portée. Tout le monde étant convaincu que la Turquie était condamnée à une prompte dissolution, chacun se hâte de mettre la main sur ses dépouilles. Une lutte implacable d'appétits se livre autour de chaque concession pouvant rapporter quelque argent à celui qui est assez heureux pour l'obtenir. Banquiers juifs, financiers français, capitalistes allemands, ingénieurs anglais, spéculateurs russes se rencontrent dans tous les coins. Ils font partout la peinture animée des bienfaits qui vont se répandre sur l'Empire turc, si ses gouvernants veulent bien seulement adopter l'un ou l'autre des projets extravagants qu'ils font miroiter aux yeux de ceux de qui il dépend d'en permettre la réalisation.

Le baksbish est le roi devant lequel toutes les têtes s'inclinent; il est beaucoup plus enveloppé de respect que le Sultan lui-même. Que de fois j'ai entendu dire : « Sait-il donner un bakshish? » du même ton dont vous auriez dit : « Avez-vous trouvé chez lui tel ou tel? »

Faut-il, d'ailleurs, s'étonner que la moralité paraisse en Turquie si relâchée? Est-il surprenant qu'à l'époque dont je parle personne en Europe ne crût l'Empire ottoman capable d'un effort assez vigoureux pour se relever du bourbier dans lequel il était tombé et que ceux qui venaient aux rives du Bosphore fussent enclins à spéculer avidement sur la ruine de ce beau pays, pour la possession duquel tant d'ambitions avaient lutté pendant des siècles.

Qu'il pût décevoir toutes ces intrigues et s'affirmer une fois de plus comme une puissance indépendante, nul ne le croyait, sauf l'empereur Guillaume II qui seul avait l'idée claire — en même temps qu'intéressée — d'accomplir cette œuvre de régénération et de trouver, dans la faible et chancelante Turquie, une alliée qui serait, croyait-il, capable, le jour où son armée serait instruite par des officiers allemands, de remplir le rôle important que, grâce à des événements déplorables, elle a été brusquement appelée à jouer.

CHAPITRE III

LE SULTAN MAHOMET V

Les devoirs de ma charge à l'ambassade à laquelle j'étais attaché m'emmenèrent au loin. Je quittai Constantinople pour longtemps, y retournai pour un séjour de quelques mois dans la seconde moitié de 1908 et le commencement de l'année suivante et, après un autre long intervalle, je me trouvai, pour la troisième fois, chargé d'une mission à Stamboul, en 1913, dans les derniers jours de la guerre balkanique.

J'eus la surprise de trouver un pays transformé. La Turquie était devenue visiblement plus civilisée, bien que la vie sociale n'y eût que peu changé. Les femmes de Péra continuaient à potiner, des financiers équivoques essayaient toujours d'obtenir des concessions impossibles, capables seulement de séduire de naïfs souscripteurs européens; mais l'état de la nation elle-même s'était grandement amélioré. Un certain esprit d'indépendance avait remplacé la soumission abjecte du temps du règne d'Abdul Hamid; plusieurs partis politiques étaient nés et luttaient, chacun, pour acquérir notoriété et prépondérance; une certaine liberté de pensée avait fait son apparition. Les Turcs me semblaient s'être éveillés à la compréhension qu'il n'était pas trop tard pour faire un effort afin de redevenir un facteur dans la politique européenne. Le sentiment d'abaissement, qui avait toujours pesé sur eux depuis le temps du comte Ignatieff et les jours fameux de San Stefano, avait disparu.

Il n'est pas douteux que, dans une large mesure, cette régénération était due aux efforts du parti jeune-turc, et en particulier à l'action personnelle d'Enver Bey (devenu tout récemment Pacha). Il était l'homme du jour. Il avait réussi, quelques mois plus tôt, à absorber l'attention publique à un degré que n'avait jamais atteint aucun homme d'État turc. Ce n'était pas un politicien, mais simplement un homme ayant de hautes, en même temps que terriblement grandes, ambitions, qui avait vécu longtemps en Allemagne et y avait attiré sur lui le regard bienveillant de l'empereur Guillaume II. Celui-ci avait très vite discerné quel instrument utile pouvait être Enver pour ses vastes desseins. Ce jeune ambitieux s'en rendit fort bien compte, mais il conserva l'impassibilité qui est un des traits de son caractère et s'appliqua à montrer, à l'égard du nouveau sultan, une humilité extérieure et une déférence qui dissimulaient habilement le sentiment intime de profond mépris qu'il avait pour le successeur d'Abdul Hamid.

A dire vrai, le simple aspect de Mahomet V — Mehmed Rechad Khan — le souverain actuel de l'Empire ottoman, donne l'impression d'un être inexistant. Petit et courbé, avec des yeux clignotants et un visage aux traits forts, une obésité maladive, un teint jaune et huileux, il n'est certainement pas avenant. On voit peu d'intelligence dans sa physionomie et il n'a jamais perdu son air de bête traquée et craintive, lorsqu'il regarde autour de lui comme s'il redoutait sans cesse de trouver caché dans quelque coin noir un assassin prêt à l'assaillir et à le tuer.

Depuis l'heure de sa naissance jusqu'aux derniers jours qui ont précédé son avènement, Mehmed avait été tenu dans un état de demi-réclusion et soumis à la plus étroite surveillance, pour le cas où il tenterait quelque chose qui pût mettre en danger la sûreté de son frère régnant.

Abdul Hamid avait pour lui à la fois haine et mépris. Il avait cependant reculé devant l'assassinat, peut-être bien parce qu'il avait pensé qu'un autre moins débile et plus ambitieux prendrait sa place.

Mehmed Rechad, bien qu'on ait raconté qu'il avait été à la tête de la conspiration qui a renversé l'ancien sultan, ignorait complètement en réalité qu'elle était en préparation, pour cette simple raison que personne n'aurait osé lui confier un secret d'une telle importance. La seule fois où des conspirateurs avaient essayé de l'amener à prendre l'initiative d'un mouvement de réforme dans le pays, il avait été si terrifié qu'il s'était hâté de donner à Abdul Hamid tous les détails de l'intrigue.

Tant qu'Abdul avait été sur le trône, Mehmed avait eu à subir de cruels mauvais traitements et les plus injustes soupçons de la part de son frère. Il fut un temps où il osait à peine se montrer dans les rues de Constantinople. Il ne s'est pas couché une fois sans se demander ce qui pourrait lui arriver pendant la nuit et il affectait avec soin l'allure d'un véritable idiot pour écarter toute appréhension sur la possibilité d'une action de sa part au point de vue politique.

Mehmed Rechad avait reçu une meilleure éducation qu'Abdul Hamid; il avait appris les langues étrangères, mais il avait peu profité des leçons qui lui avaient été données, préférant passer son temps dans son harem d'où il sortait rarement. Quand on le regardait, on ne pouvait pas comprendre que ce petit homme timide fût sorti d'une race aussi résolue qu'elle avait été illustre.

Avec tous ces défauts, Mehmed Rechad était cependant, à sa manière, un patriote. Il sentait vaguement que la Turquie était dans de terribles embarras et, bien qu'il n'eût jamais imaginé qu'il pourrait régénérer son pays, il ne fit aucune opposition à ceux qui avaient entrepris cette tâche. Il aurait souhaité par dessus tout que quelqu'un pût réussir à relever l'Empire ottoman, en voulant bien lui laisser l'honneur et le profit de l'entreprise. Il comprenait l'insignifiance de son pouvoir personnel mais trouvait, tout de même, agréable de le posséder. Il eût été certainement très affligé d'avoir à transformer sa position, son caractère, son attitude morale, ou quoi que ce fût de ses habitudes de vie. Il était fier à sa façon : fier de son peuple, plus encore peut-être que de son rang, de ses richesses ou de la puissance qu'il était censé avoir depuis le jour où il avait pris l'épée d'Osman à la mosquée d'Eyoub.

Quand des messagers vinrent lui dire qu'il était Sultan, il refusa d'abord de les croire; sa seconde pensée fut une pensée d'extrême sollicitude sur le sort de son frère; il insista pour avoir des nouvelles à ce sujet et l'assurance que le souverain détrôné était sain et sauf. On raconte même qu'avant qu'Abdul Hamid eût été emmené de Constantinople, Mehmed Rechad avait été le voir secrètement et, en lui demandant pardon d'avoir usurpé sa place, l'avait assuré qu'il n'avait rien fait pour l'obtenir. A cela, paraît-il, le sage et rusé Abdul Hamid aurait répondu que son temps n'était pas encore fini et qu'un jour viendrait où son frère et successeur serait trop heureux d'avoir le bénéfice de ses conseils.

On ajoute que, quand le conseil des ministres apprit cette visite, Mehmed Rechad fut sévèrement blâmé d'avoir fait une pareille démarche; on le menaça même de déchéance et d'emprisonnement, ce qui le mit dans un véritable état de panique.

Si Rechad avait été livré à lui-même, il aurait probablement refusé le diadème de l'Islam, mais la
volonté de fer d'une de ses sœurs, la charmante sultane Mediha, ne lui permit pas la résistance. Cette
princesse avait été une des premières, à Constantinople,
à adopter les manières et les usages européens et à
prêcher l'émancipation à ses sœurs en foi et en infortune. Mariée très jeune à un pacha, Damad Nedjib,
elle but jusqu'à la lie la coupe d'humiliation que toute
jeune fille turque est obligée de goûter, lorsqu'elle
épouse un homme qu'elle n'a jamais vu jusqu'au jour
de ses noces.

Damad Nedjib était ambitieux et avait pensé que
son mariage avec une sœur du Padishah allait lui
assurer honneurs et dignités. Mais le rusé Abdul
Hamid le connaissait bien et le jugeait mieux encore.
Il lui avait donné sa sœur pour le gagner, mais il se
garda de lui assurer de suite les places importantes
auxquelles celui-ci se croyait en droit de prétendre.
Déçu dans ses ambitions, Damad se dressa alors contre
le Sultan avec tant d'imprudence que cela aurait certainement mal fini si Abdul n'avait été trop avisé pour
laisser voir sa colère. Il s'arrangea, au contraire, pour
persuader à son beau-frère que le seul obstacle à l'élévation dont il était digne était sa sœur qui, d'après ses
insinuations perfides, faisait tout ce qui dépendait
d'elle pour la retarder.

Damad Nedjib crut à cette fable de la haine et des

intrigues de sa femme et, dit la rumeur, la maltraita cruellement. Les amis de la princesse en étaient indignés, elle-même était exaspérée. Quelques semaines plus tard, après avoir pris une tasse de café, Damad tomba malade et mourut. Elle ne le pleura pas longtemps et, peu de mois après, épousa l'homme à qui, depuis longtemps, elle avait donné son affection.

Damad Ferid Pacha Bouchati, son second mari, était d'origine grecque. Il avait des idées plutôt avancées sur la condition sociale des femmes, dues sans doute à ses voyages dans beaucoup de pays étrangers. La sultane Mediha ouvrit sa porte à ses amis et entreprit une vigoureuse propagande pour l'émancipation féminine. La grande situation de son mari donna de la force au mouvement qui venait déjà de prendre un sérieux développement.

Pendant des années la sultane Mediha en fut le chef, jusqu'à ce qu'enfin le sultan vînt à soupçonner que la popularité de sa sœur avait éveillé en elle des ambitions qui pouvaient être dangereuses pour son avenir. Le résultat fut qu'Abdul Hamid, qui n'était jamais homme à s'arrêter à des scrupules, résolut de se débarrasser d'une sœur aux idées trop progressistes à son gré. Le baron von Marshall eut vent des intentions d'Abdul; il décida de se mettre en travers et, comme j'étais alors à Constantinople où je faisais mon second séjour, je fus chargé d'aider au succès d'un contre-complot. Je n'avais pas, dans cette affaire, un

rôle de premier plan ; cependant il comportait une
somme de responsabilité suffisante pour me mettre en
mesure d'être pleinement au courant des détails de
cet « épisode du chevalier Marshall, champion des
dames », comme l'appela plaisamment un des conspirateurs.

Malheureusement pour le Sultan, cet incident se
produisit à un moment où Berlin commençait à être
fatigué de la politique fuyante de la Sublime Porte.
Guillaume II était décidément agacé qu'Abdul Hamid
ne fît pas plus attention aux conseils qui lui étaient
apportés de la Wilhelmstrasse. Le Sultan n'était pas
du tout docile aux désirs de l'Empereur allemand, ce
qui portait violemment sur les nerfs de cet exigeant
protecteur. En même temps l'influence des Jeunes-
Turcs grandissait de jour en jour et ceux-ci semblaient en voie de devenir les chefs de l'Empire ottoman. Une alliance avec eux serait facile et von Marshall
était, pour sa part, convaincu qu'il était de l'intérêt
de l'Allemagne de prendre ce marchepied.

Dans ce but, il se mit en relation avec Damad
Ferid Pacha, dont il devint bientôt l'ami intime, et finit
par obtenir d'être présenté à la belle princesse Mediha.
Il en profita pour l'avertir du danger qui la menaçait.
Elle reçut cette nouvelle avec un calme qui montrait
qu'elle connaissait bien le caractère de son frère ; mais
cela excita son instinct oriental d'intrigue et de vengeance et elle prêta volontiers l'oreille aux sugges-

tions qui l'amenèrent à faire les premiers pas pour hâter le succès du complot dont le but était de priver Abdul Hamid de son trône et de sa liberté.

J'ai toujours pensé — et je le note en passant — que le sultan actuel n'aurait jamais joué un rôle quelconque dans la conspiration, sans l'influence de sa sœur. Ce fut elle qui, dans cette terrible nuit d'avril où la révolution de palais mit un terme à un règne aussi sanguinaire que malfaisant, se tint à côté de Mehmed Rechad, usant de tout son pouvoir pour le soutenir, lorsque, tremblant de peur, il se tordait sur ses coussins, se demandant avec angoisse quel genre de mort il allait avoir à subir. Quand les conspirateurs se frayèrent un chemin jusqu'à la chambre où il défaillait, ce fut Mediha qui lui rendit la force de recevoir leur hommage dans une attitude à peu près digne du souverain qui allait devenir le Commandeur des croyants.

Sans elle il est vraisemblable que la révolution ne se fût pas faite, ou, du moins, qu'elle n'aurait pas placé le sultan actuel sur le trône.

Il fallut à Mehmed Rechad quelque temps pour se familiariser avec sa nouvelle position. Chaque fois qu'un étranger demandait à être introduit en sa présence, ou chaque fois qu'il était obligé de paraître dans une cérémonie publique, il montrait une lamentable nervosité. Les habitudes qu'il avait prises pendant ses longues années de servitude, le sentiment toujours présent d'un danger suspendu sur sa tête, que lui avait donné la certitude que sa vie dépendait d'un soupçon ou d'un caprice de son frère, persistèrent longtemps après son élévation à la dignité suprême. A dire vrai, Rechad, au fond de lui-même, n'a jamais désiré le trône et fut peu reconnaissant à sa sœur du rôle joué par elle dans les événements qui lui ont imposé la couronne.

Au début il s'efforça simplement de faire ce qu'on lui disait, puis, peu à peu, le désir de s'affirmer s'empara de lui, et il commença à s'intéresser aux affaires de son vaste empire. Bien qu'il ne fût pas soldat, il comprit combien il était nécessaire à son pays d'avoir une forte armée. Il écouta donc, avec beaucoup plus d'attention qu'on ne le croyait capable d'en avoir, les demandes instantes que lui adressait Berlin pour obtenir que la mission militaire allemande reconstituée fût chargée d'instruire les soldats turcs, d'après les méthodes et la discipline germaniques. Le résultat fut que, lorsque la situation s'éclaircit après la révolution de 1908, von der Goltz, avec une vingtaine ou à peu près d'officiers allemands, reprit son œuvre de réorganisation, jusqu'aux événements qui amenèrent son rappel.

Bien que d'abord, lorsque éclata la guerre balkanique, on ait entendu Rechad exprimer le regret que l'éducation militaire de ses troupes ne fût pas achevée, leur degré d'entraînement lui parut suffisant pour l'amener, quand une occasion favorable se présenta après les premiers revers de la campagne, à exprimer l'opinion qu'il fallait tenter de reconquérir Andrinople, pendant que Bulgares et Serbes étaient aux prises. Docile en général à la volonté de ses conseillers et en particulier d'Enver Bey — récemment devenu Enver Pacha — il montrait son indépendance lorsqu'un événement mettait en jeu le salut de l'Empire. Il avait assisté en silence à l'assassinat de son grand vizir, mais il sortit de son indolence quand se posa la question de savoir si l'on devait ou non accepter les conditions du traité qui donnait Andrinople à la Bulgarie. Il fit preuve d'une résolution très ferme et, avec une décision qu'on ne s'attendait pas à trouver dans une nature aussi faible, non seulement il approuva l'idée d'Enver de recommencer la guerre contre les ennemis qui l'avaient battu quelques semaines plus tôt, mais il alla jusqu'à passer en revue les régiments prêts à partir pour le front et, dans un petit speech bien fait, à les encourager à reconquérir pour l'Islam les sanctuaires que leur avaient arrachés les chrétiens haïs.

En même temps il cherchait autour de lui les alliances pouvant lui être utiles pour l'aider à garder ce qu'il se croyait sûr de reconquérir. Il convient de rappeler que le baron von Marshall n'était plus là pour lui donner des conseils. Il avait été envoyé à Londres pour remplacer le comte Metternich en mai 1912, était mort trois mois plus tard, et avait eu le prince Lichnowsky comme successeur près de la cour de Saint-James. Le nouvel ambassadeur à Constantinople n'avait pas encore la confiance de Mehmed Rechad qui, à ce moment critique, se tourna de nouveau vers sa sœur, la seule personne en qui il pût absolument se fier et dont il savait n'avoir pas à craindre de trahison, pour cette excellente raison que, si elle l'avait trahi, elle aurait eu tout à craindre pour elle-même.

La sultane Mediha était, d'ailleurs, à la hauteur des événements. Elle dit à son frère que la seule chose raisonnable à faire était de provoquer les conseils de Berlin, en écrivant personnellement à l'empereur allemand pour lui demander d'envoyer une nouvelle mission militaire à Constantinople, afin de compléter l'éducation de l'armée turque commencée sous la direction du feld-maréchal von der Goltz.

Guillaume II se hâta de répondre qu'il était trop heureux d'aider son bon frère et qu'il avait nommé le général Liman von Sanders, qui allait partir immédiatement pour Constantinople. L'Empereur ajoutait que le général, d'esprit plus conciliant que son prédécesseur, comprendrait mieux les particularités du caractère turc, et par suite réussirait mieux dans son rôle d'instructeur.

Ce fut vers cette époque que l'on me pria d'aller de nouveau dans la capitale turque pour m'y rendre compte par moi-même de la situation. Pour être sin-

cère, je dois dire que je ne soupçonnais pas l'importance des événements qui allaient fondre sur nos têtes
et ne prévoyais pas le cataclysme qui était sur le point
d'accabler le monde, sans excepter la Turquie. Je
pensais n'être chargé que de fournir des renseignements exacts sur l'état de l'Empire ottoman après la
guerre qui venait de finir.

Je m'aperçus que ce n'était qu'une partie — et la
moindre — de ma mission et que j'avais été choisi à
cause de l'instinct d'observation dont on me savait
doué. Bien qu'aucune instruction précise ne m'eût été
donnée, comme j'avais vu Mehmed Rechad dans les
premiers jours de son règne, on présumait avec quelque
raison qu'au cours de ma visite mon esprit se mettrait
à l'œuvre pour comparer la situation passée et la situation présente et discerner dans quel sens la personnalité de Mehmed paraissait s'être orientée. J'en acquis
la certitude presque aussitôt après mon retour de
Stamboul, car on m'interrogea avec une attention minutieuse sur l'impression que je rapportais du Sultan.
Je fis un récit détaillé de ce que j'avais vu et entendu
et indiquai les conclusions que je croyais pouvoir tirer
des diverses petites intrigues politiques menées autour
de Mehmed et dans lesquelles étaient compromis tant
de membres de sa famille. J'informai, en outre, mes
chefs qu'il y avait des gens, bien qu'en petit nombre,
qui ne seraient pas fâchés de voir restaurer Abdul
Hamid, Mehmed Rechad étant considéré, à cause de la

faiblesse de son caractère, comme pouvant être une
source de danger pour son pays. Sur ce point particulier je fus soumis, plus tard, à un interrogatoire plus
serré. Mes impressions ayant été rapportées à un auguste personnage, celui-ci avait déclaré péremptoire-
ment que j'étais dans l'erreur. Ses propres paroles,
me dit-on, avaient été : « Mehmed n'est pas un faible,
il voit seulement la faiblesse de ses moyens; ce n'est
pas du tout la même chose, soyez-en sûr. » Mais reve-
nons à ce curieux contre-interrogatoire : on me demanda s'il était vrai que, lorsqu'Abdul Hamid avait été
transféré de sa villa de Salonique à son palais de Beylerbey, son frère Mehmed était allé le voir et avait eu
avec lui une longue conversation en tête à tête. Je ne
pus que confirmer l'exactitude du bruit qui en avait
couru et ajouter qu'on donnait ce détail que, lorsqu'il
s'était trouvé en présence de son prédécesseur, il avait
été si troublé qu'il s'était prosterné et lui avait baisé la
main, comme il avait l'habitude de le faire quand leurs
situations respectives étaient inverses.

Je donnai ensuite mon impression sur la personnalité de Mehmed Rechad comparée à celle d'Abdul
Hamid. Quand j'eus fini, on me fit cette observation :
« Peut-être vaut-il autant pour la Turquie qu'elle ait
aujourd'hui un souverain disposé à suivre les avis des
autres que ses propres inspirations. Nous savons où
nous en sommes avec le Sultan actuel, ce qui ne doit
pas nous faire négliger Abdul Hamid; un jour peut

venir où il sera plus avantageux pour l'Allemagne de rétablir Abdul Hamid sur son trône que de garder de bonnes relations avec Mehmed Rechad. »

Continuant l'enquête, le principal de mes interlocuteurs ajouta : « En tout cas il y a une personne à Constantinople qui conservera quelque temps son importance : c'est Enver Pacha. C'est lui qui tient la clef de la situation. Il est l'homme à surveiller au moment d'une complication européenne. Il peut transformer en actes concrets des choses sur lesquelles Mehmed Rechad n'a que de vagues volontés et seulement le désir inerte qu'elles deviennent des réalités. C'est Enver Pacha qui peut compléter la réorganisation de l'armée turque avec le concours des officiers allemands; il est homme, aussi, à porter un coup à l'ennemie traditionnelle de l'Empire ottoman, l'ambitieuse Russie. Et qui sait si cela ne deviendra pas nécessaire pour l'existence de l'Allemagne aussi bien que pour la sauvegarde de la Turquie! Croyez-moi, quoi que le Destin nous réserve, nous ne verrons pas encore la fin de l'Islam. »

CHAPITRE IV

ENVER PACHA

Il est impossible de parler de la Turquie sans s'occuper d'Enver Pacha. Dans ces dernières années il a incarné l'âme même de l'Islam. Quel que puisse être le succès de sa politique, et bien que ses méthodes puissent prêter à la critique, il est la personnalité la plus intéressante en Turquie.

Par son énergie et son opportunisme, ce jeune officier d'artillerie, qui, il y a dix ans, était à peu près, sinon complètement, inconnu dans les cercles politiques, est sorti du rang pour devenir le chef de l'administration militaire. Il a, de plus, acquis une telle importance politique que les yeux de tout l'Empire ottoman sont fixés sur lui. Son influence est de beaucoup supérieure à celle du Sultan, et même le Cheik-ul-Islam, cette autorité suprême du monde musulman, ne se soucierait pas de défier son pouvoir.

J'ai fait la connaissance d'Enver Pacha lorsqu'il occupait le poste relativement modeste d'attaché militaire à Berlin. A ce moment, je le jugeai comme un jeune homme sérieux, ardent, désireux de s'instruire et ayant un esprit d'observation très attentif. Je me souviens qu'un soir, après des manœuvres militaires, nous eûmes une conversation qui porta d'abord sur les événements du jour et nous conduisit ensuite à une discussion sur la valeur de l'armée turque. Le jeune attaché musulman devint tout à coup éloquent et m'expliqua que peu de soldats avaient été aussi calomniés que les soldats turcs : « On s'est habitué, dit-il, à voir en nous une nation méprisable; il est de mode de parler de la Turquie comme d'un pays au dernier degré de la décadence. C'est une erreur; il y a de fortes indications d'un avenir prospère pour ma patrie.

« Il est vrai, poursuivit-il, que notre gouvernement est abominable, mais le jour où un autre Sultan aura remplacé le tyrannique Abdul Hamid, tout changera. Nous sommes loin d'être un peuple apathique. Au contraire, nous avons parmi nous beaucoup d'hommes qui ont étudié avec soin les questions sociales et politiques en Europe et les ont étudiées dans le but d'employer leurs connaissances à aider au développement de la Turquie. Le bakshish, il est vrai aussi, fleurit encore; mais croyez-moi, quand les Turcs commenceront à gouverner sérieusement leur pays, le Parlement ne sera pas longtemps la chose morte qu'il est aujourd'hui, et la nation fera entendre sa voix sur toutes les questions intéressant sa destinée. A ce moment le bakshish cessera d'exister, au moins dans les proportions actuelles. »

Les paroles d'Enver tendaient au mélodramatique, mais le ton était plein d'une calme pondération. Il entreprit de justifier, ou plutôt d'expliquer le règne de la corruption : « Ce qui lui donne une telle importance est le nombre des aventuriers étrangers qui ont envahi la Turquie comme autant d'oiseaux de proie. Quand on en aura nettoyé le pays, les choses changeront, et notre peuple sera capable d'inaugurer une politique de moralisation; c'est la seule chose qui lui manque pour reprendre son rang en Europe.

« Serez-vous surpris de m'entendre dire que son armée est beaucoup plus forte qu'on ne le croit à l'étranger? Le fanatisme qui, dans les temps anciens, lui fit accomplir tant d'actions remarquables est loin d'être mort; il est seulement endormi... Nos hommes sont encore prêts à se sacrifier pour la cause sainte de l'Islam. Nous n'avons besoin que de généraux capables de les conduire. Ce qu'il nous faut, c'est être libres d'agir indépendamment des grandes puissances. Elles croient qu'elles peuvent exercer leur contrôle sur la politique du Bosphore, et pour cela elles nous ont empêchés de contracter des alliances capables de soutenir notre pays contre les entreprises de ceux qui voudraient s'emparer de notre territoire, avant même que nous soyons vaincus. Le jour où apparaîtra un homme en état de se mettre à notre tête et assez courageux pour se rire de ceux qui seraient désireux de le mener, la Turquie sera sauvée. On verra sans doute de très vifs regrets chez quelques-uns de ses soi-disant amis d'aujourd'hui, si elle trouve un pareil homme, mais, ajouta-t-il, je crois fermement, pour ma part, qu'elle le découvrira un jour. »

— « Peut-être, interrompis-je, existe-t-il déjà; mais quelle chance de succès a-t-il sous un autocrate comme Abdul Hamid, qui n'admettra jamais une supériorité en dehors de la sienne? »

— « Abdul Hamid n'est pas immortel, répliqua Enver Bey; en outre, les événements peuvent être plus forts que lui. Supposez, pour un instant, que la Serbie et la Bulgarie viennent à nous déclarer la guerre, il serait forcé de mettre sa confiance en quelqu'un; il pourrait difficilement conduire en personne ses armées sur le champ de bataille. Et alors ce serait le général, dont la victoire aurait fait triompher l'Islam, qui dicterait ses volontés non seulement à la nation, mais au Sultan lui-même. »

— « Abdul Hamid pourrait aussi le faire assassiner, » répondis-je.

— « Il n'est pas si facile d'assassiner un général, quand il peut compter sur l'affection de ses soldats, répliqua le jeune officier, et des révolutions se sont déjà vues en Turquie. Nous avons encore des troupes impatientes d'être conduites à la gloire et d'obtenir la puissance. C'est avec elles qu'Abdul Hamid devra compter et, si tyran qu'il soit, le voyez-vous envoyant au gibet ceux qui auraient sauvé son pays et son trône d'une agression étrangère? S'il était jamais tenté de le faire, alors... alors... » il fit une pause et ajouta très lentement avec, dans la voix, une vibration singulièrement pathétique : « Il y a d'autres membres de la famille impériale capables de mettre sur leurs épaules le fardeau du Pouvoir. »

J'ai noté cette conversation jusqu'au bout, parce qu'elle me paraît donner la note de la personnalité d'Enver Pacha, et qu'elle prouve, mieux que ne pourrait le faire une peinture directe de son caractère, ce qu'il pensait et la hardiesse de ses idées dès cette époque. Mais il gardait ses pensées pour lui et rien n'aurait pu permettre à ceux qui le connaissaient superficiellement de croire qu'il avait, au fond de lui-même, le pouvoir de devenir tout-puissant dans son pays natal ou même les qualités nécessaires pour mener au succès une révolution militaire.

J'ai eu depuis de sérieuses raisons de penser qu'Enver Bey avait discuté ces questions avec l'empereur allemand Guillaume II, dont il avait obtenu la faveur dès son arrivée à Berlin. Guillaume II, qui avait échoué dans ses efforts pour faire d'Abdul Hamid un satellite docile de l'empire d'Allemagne, vit tout de suite ce qu'il pouvait espérer d'un discret mais cependant saisissable encouragement donné à ce jeune officier ambitieux et hardi, qui, tout en étudiant la discipline de l'armée allemande, profitait en même temps de tout ce qu'il voyait et se préparait au rôle que son ambition et la conscience de sa valeur le persuadaient qu'il pourrait jouer dans la conduite des affaires de son pays.

Lorsque Enver Bey quitta Berlin, il partit avec une chaude lettre de recommandation de l'Empereur au baron Marshall von Bieberstein, qui, à son tour, ne fut pas long à reconnaître la remarquable personnalité d'Enver Bey et à se lier avec lui d'une étroite amitié. Cette intimité dura jusqu'au départ du baron de Constantinople, longtemps après l'avènement de Mehmed Rechad.

Quand Abdul Hamid fut détrôné et que la question de sa mise à mort fut sérieusement discutée, Enver Bey fut le seul qui appuya l'ambassadeur lorsque celui-ci déclara que, sous aucun prétexte, la vie du Sultan ne devait être menacée. Le chef du parti jeune-turc était assez avisé pour deviner l'immense avantage qu'il y aurait pour lui, au début d'un régime constitutionnel, à ce qu'on sût qu'il avait été énergiquement opposé à ceux qui désiraient mettre le Sultan à mort. Son intuition lui montrait qu'Abdul Hamid serait le premier à se soumettre à son autorité, s'il comprenait qu'Enver Bey avait été hostile à la mesure radicale dont certains des révolutionnaires étaient partisans.

Les commérages allaient bon train à Constantinople

sur les faits et gestes d'Enver Bey, et son nom vint à
être associé plus d'une fois à celui de la belle prin
cesse Mediha, qu'on avait souvent entendue s'exprimer
sur son compte en termes enthousiastes. Enver Bey
était un bel homme, séduisant, ayant beaucoup lu,
d'une haute culture et aux manières remarquablement
attrayantes. En dépit des entraves de la vie de harem,
il avait fait plus d'une conquête à Stamboul. Sachant
à merveille qu'il était plus redouté et tenu en suspi-
cion qu'aimé par ses camarades, le jeune officier s'efforçait de gagner les sympathies de leurs femmes,
dans l'espoir que cet appui pourrait un jour lui être
utile. Il ne se trompait pas.

Quand il se mit à la tête de la conspiration dont le
but était le renversement d'Abdul Hamid, ce fut grâce
à l'influence de la sultane Mediha qu'il fut en état de
l'organiser. Elle alla à l'ambassade, où il n'était pas
prudent pour lui de se montrer. Enver savait que
chacun de ses mouvements était surveillé, et il était
obligé de recourir à mille subterfuges pour déjouer
la curiosité des espions; cela n'eût pas été facile sans
l'aide des nombreux intermédiaires qu'il avait réussi à
s'assurer dans le beau sexe.

Lorsque, quelques mois après les premières fermen-
tations, Abdul Hamid fut dépouillé de sa couronne,
on crut qu'Enver Bey allait devenir un personnage de
toute première importance — que les honneurs et les
dignités allaient s'amonceler sur lui. — Il n'en fut

rien. Il resta un simple officier; et bien que sa situation dans l'armée devînt de plus en plus forte, il ne reçut du nouveau Sultan aucune récompense tangible. Il ne rechercha pas, d'ailleurs, une consécration officielle; c'était un ambitieux plus profond.

Enver Bey savait que Mehmed Rechad ne l'aimait pas et le redoutait sérieusement. Sa résolution et ses façons impérieuses causaient toujours au pauvre timide Rechad une sensation de malaise. Le Sultan fit donc en sorte de le tenir aussi loin que possible de sa personne, dans la crainte, peut-être, qu'il pût avoir la tentation de le renverser comme il l'avait fait pour Abdul Hamid. Il eût pu bannir cette inquiétude. Enver avait, pour l'occuper, des affaires qui étaient pour lui d'une autre importance que le renversement du sultan que son initiative avait mis sur le trône.

De vastes plans l'absorbaient, plans à longue échéance. Enver Bey voulait réformer l'armée et réveiller l'esprit belliqueux qui s'était endormi pendant le règne d'Abdul Hamid. Il avait foi dans la valeur du soldat turc et il savait que le fanatisme musulman n'attendait qu'une occasion pour se rallumer. Ses fréquents voyages à l'étranger lui avaient donné la certitude des sombres desseins nourris contre la Turquie par les Bulgares et les Serbes et aussi par la Russie toujours prête à soutenir les aspirations slaves dans la péninsule des Balkans. Il avait eu l'occasion de causer avec l'inquiétant tsar Ferdinand de Bulgarie; il avait pénétré son rêve de devenir un grand et puissant empereur et d'entrer dans la cathédrale de Sainte-Sophie en souverain chrétien, appelé à restaurer cet ancien sanctuaire de la foi chrétienne. Enver Bey n'avait, on s'en doute, aucune complaisance pour cette idée et était froidement résolu à en empêcher la réalisation, au premier mouvement qu'il verrait faire à Ferdinand vers l'accomplissement de son rêve. Il n'attendit même pas de constater des symptômes d'activité dans ce but et se mit immédiatement à l'œuvre pour fortifier la puissance défensive de la Turquie.

Quand, en 1912, éclata la guerre balkanique, il vit les soldats turcs reculer devant les Bulgares et les Serbes et jugea le moment venu d'intervenir. Les Turcs abandonnaient le terrain qu'ils auraient dû défendre jusqu'à la mort, et la précipitation avec laquelle ils acceptaient la défaite le révolta. Il décida en conséquence de se mettre en avant.

Par une assez curieuse coïncidence, juste à ce moment certains ministres qui ne passaient pas pour favorables aux idées de progrès d'Enver Bey furent attaqués en plein jour dans un des quartiers les plus fréquentés de Constantinople. Il est à croire que quelques-uns furent tués; un, en tout cas, le fut et un autre sérieusement blessé.

Cela rendit plus facile à Enver Bey de faire sentir sa puissance; et, en très peu de temps, il devint virtuellement le maître de la Turquie. Ses premiers efforts eurent pour objet l'armée. Convaincu que la paix signée à Bucarest ne serait pas de longue durée, et prévoyant qu'une guerre européenne pourrait bien surgir avant peu, il pensa avec sagesse que, si on manœuvrait bien, une telle guerre pourrait être une occasion de salut pour la Turquie. Imbu de cette idée, il travailla sans répit à la réorganisation de l'armée. Il laissa ses instructeurs allemands la brutaliser, l'accabler de punitions, l'insulter même; mais en même temps il gardait les yeux fixés sur la vision du jour où l'Islam une fois de plus relèverait la tête et se rétablirait dans la situation glorieuse qu'il avait jadis occupée aux yeux du monde.

Enver Bey avait toujours été hostile à la Russie, et il suivit, par suite, avec une attention intense le développement de la crise qui aboutit à la grande guerre déclarée au mois d'août 1914. De sa retraite sur les bords du Bosphore, il se tenait au courant de ce qui se passait dans le monde et ne chercha jamais à faire mystère de ses sympathies pour la cause de l'Allemagne. Il envoya des émissaires secrets à Berlin avec des offres de service au kaiser, lui déclarant que les forces de la Turquie étaient à sa disposition en échange de la promesse que l'indépendance de l'empire serait respectée. Et, quand il vit que ni la Russie ni l'Angleterre ne l'avaient pris au sérieux, il franchit résolument le Rubicon et déclara en son nom personnel, après avoir constaté qu'aucun de ses collègues ne semblait disposé à le suivre sur un terrain aussi dangereux, qu'il allait combattre à côté de ses amis autrichiens et allemands, jusqu'à ce que sa bien-aimée Turquie eût été rétablie dans son ancienne splendeur.

On m'a quelquefois demandé quel était mon sentiment sur l'avenir d'Enver Bey. J'ai de la peine à croire qu'il soit destiné à mourir dans son lit comme le commun des mortels; les haines qu'il a suscitées et les inimitiés dont il est l'objet semblent, dans un pays comme la Turquie, exclure cette possibilité. En même temps, je pense qu'un homme d'une aussi ardente ambition se résignera difficilement à trouver la satisfaction complète de ses désirs dans la seule restauration de l'ancienne grandeur de sa patrie; il serait plus qu'humain s'il n'avait pas caressé dans le secret de son âme l'espérance d'être quelque chose de plus que le chef de cette armée qu'il a réussi à relever de son apathie. Je suis parfaitement sûr qu'Enver Pacha n'a pas oublié un instant le vœu de vengeance qu'il a fait à l'heure où les soldats de l'ennemi sont entrés dans la vallée sacrée d'Andrinople, hors de laquelle il allait avec tant d'énergie les rejeter.

Le sentiment général, après la guerre des Balkans, était qu'il faudrait à la Turquie bien des années pour arriver à la rééducation et à la réorganisation de ses forces militaires. Elle entreprit, cela est certain, cette tâche avec zèle. Mais elle n'eut pas besoin d'un aussi long temps qu'on le prévoyait et le pouvoir de reconstitution de l'armée turque n'était pas aussi faible qu'on le supposait. Personne n'imaginait qu'en un laps de mois relativement court, la Turquie serait en droit de penser qu'elle avait discipliné son armée au point de la rendre capable de se bien comporter dans une nouvelle guerre. Ce fut cependant ce qui arriva et les Russes durent constater que les premières batailles n'avaient pas été entièrement au désavantage des défenseurs de l'Islam. Enver Pacha avait été, dans sa génération, un sage; et tandis qu'on se faisait l'illusion de le croire absorbé par d'innombrables intrigues de palais, il avait travaillé, dans l'ombre, à faire instruire des corps de troupes importants par les officiers allemands composant la nouvelle mission commandée par le général Liman von Sanders. Il s'était arrangé pour que cette instruction leur fût donnée dans les plaines de l'Asie Mineure, où il ne se trouvait personne pour révéler les progrès rapides qu'il avait la conviction d'obtenir. Ses espérances ne furent pas déçues et des troupes parfaitement entraînées et équipées purent être jetées, le moment venu, sur la frontière russe.

On m'a posé encore une autre question. Dans quelle mesure l'empereur allemand était-il informé du travail que faisait Enver Pacha au point de vue militaire? Ce serait faire injure à Guillaume II que de dire qu'il ignorait les desseins d'Enver et qu'il ne prévoyait pas, aussi bien que celui-ci, ce que pourrait valoir une force militaire sérieuse dans la région de la mer

Noire, où les contingents russes étaient faibles et où les facilités de transport pouvant leur amener rapidement des renforts étaient insuffisantes pour que la Russie pût faire face à une poussée soudaine. Il est permis de penser que des dispositions avaient été arrêtées avec beaucoup de soin en vue de cette éventualité.

CHAPITRE V

L'INFLUENCE RUSSE A CONSTANTINOPLE

Longtemps avant mon premier voyage en Turquie, j'avais été habitué à croire que toutes les questions intéressant les destinées de l'empire turc étaient l'objet, à Pétrograd — ou Pétersbourg comme on disait alors — d'une minutieuse surveillance. L'autorité sous laquelle la Russie tenait la Sublime Porte était si fortement établie, que même la guerre de 1877 n'avait pas brisé sa prédominance, bien que les résolution du Congrès de Berlin eussent eu certainement pour but de la réduire. Comment cette influence pâlit et fut dans ces derniers temps ruinée est un des sujets intéressants de l'histoire moderne. Un autre article de foi longtemps incontesté était que les communautés chrétiennes à Péra, Galata et ailleurs, considéraient le tsar comme leur protecteur naturel. Aux yeux des ambassades rivales, la Russie était vraiment l'épouvantail que chacun semblait redouter et que tout le monde jugeait prudent de surveiller.

Quel ne fut pas mon étonnement, en arrivant à Constantinople en 1888, de constater que la Russie était en train de perdre rapidement du terrain et que la population chrétienne, tout en conservant une déférence extérieure aux Romanoff, regardait avec beaucoup plus d'espérance du côté de la Bulgarie, en qui elle voyait la protectrice de ses intérêts, au cas d'événements fâcheux. Le temps où un mot d'Ignatieff faisait loi était passé, et, selon toute apparence, sans grand espoir de retour.

Au premier moment, je n'accueillis ces impressions qu'avec réserve et j'hésitai à y faire une allusion même discrète dans mes conversations avec les personnages officiels des différentes ambassades ou avec mes relations et mes amis. Je ne pouvais pas ne pas remarquer qu'on mettait toujours le plus grand souci à demander et à écouter avec respect l'opinion des diplomates russes et qu'en même temps, avec unanimité, on ne tenait aucun compte de leur avis sur les questions financières et économiques. Je ne tardai pas à observer aussi que, si les invitations à l'ambassade de Russie étaient toujours acceptées, les excuses et les regrets des invités du monde diplomatique arrivaient à la dernière minute dans une proportion déconcertante. Ces deux constatations étaient significatives.

Pendant une flânerie dans la ville au début de mon séjour, je me trouvai à Péra, où la population grecque domine sans conteste et d'où sont sortis presque tous les mouvements révolutionnaires du dernier quart de siècle. Comme je commençais à connaître un peu ce monde et que j'y avais quelques relations, je m'aperçus que décidément l'importance de la Russie, comme facteur avec lequel ou sur lequel on comptait, avait diminué presque jusqu'au point de disparaître. L'Église latine était sous l'égide de la France; mais l'Église grecque orthodoxe, qui de tout temps avait eu les yeux fixés vers la Russie, montrait de plus en plus une tendance à changer ses affections. Après la guerre de 1877, le comte Ignatieff avait prodigué la promesse de veiller sur les droits des chrétiens grecs, mais, avec le temps, ceux-ci furent forcés de s'apercevoir que leurs intérêts les plus précieux étaient négligés ou oubliés. D'où la conséquence que la Russie perdit son prestige et que peu à peu on s'éloigna d'elle. Les chefs de l'Église grecque dans l'Empire ottoman commencèrent à prêter l'oreille aux voix qui leur venaient de Belgrade, d'Athènes et surtout de Sofia d'où un chuchotement leur faisait entrevoir la possibilité d'assurer la réalisation de leur long rêve de délivrance et d'échapper au joug turc.

Si la Russie avait été prévoyante après la paix de San Stefano, elle aurait mis un soin attentif à choisir toujours, pour la représenter auprès de la Sublime Porte, des hommes comprenant bien la situation, et d'esprit et d'initiative assez prompts et assez hardis pour canaliser à leur profit le courant des aspirations religieuses. Elle eut le tort de ne pas le faire. Le prince Lobanoff manquait d'énergie; M. Zinovieff, malgré ses talents réels, n'eut qu'une faible influence; M. Nelidoff était trop vieux; et M. de Giers, qui occupait le poste au moment où fut déclarée la guerre aux alliés en 1914, n'était doué ni d'un prompt esprit de décision ni d'une exceptionnelle clairvoyance.

La Grèce et la Bulgarie se hâtèrent de profiter de l'insouciance de la Russie pour gagner les chrétiens à leur cause en prêtant une oreille attentive aux plaintes contre la Sublime Porte. La Bulgarie, en particulier, fit une active propagande. Elle avait sa hiérarchie religieuse personnelle et Ferdinand aspirait à prendre le rôle de protecteur suprême de l'Église chrétienne orthodoxe en Orient.

Dans ce but son clergé avait très habilement travaillé à saper les vieilles traditions auxquelles la Russie devait de maintenir sa position privilégiée dans tout le Levant, où elle s'était posée comme le redresseur de torts, non seulement au profit de ses ressortissants mais aussi de toutes les communautés religieuses non musulmanes de Constantinople. L'amitié du tsar Ferdinand et de sa mère, la princesse Clémentine de Cobourg, pour les jésuites qui venaient en nombre en Bulgarie des communautés catholiques romaines d'Autriche, facilita le travail souterrain poursuivi par la Bulgarie pendant les dix

dernières années du dix-neuvième siècle et le commencement du vingtième.

La lutte entre les religions romaine et grecque
devint beaucoup plus compliquée par suite de l'intervention de la Grèce. Sur la question de l'influence
religieuse, les conflits étaient continuels entre la Bulgarie et le gouvernement d'Athènes, qui s'efforçait
d'obtenir l'extension des privilèges dont jouissait déjà
le Patriarche grec de Constantinople. Devant l'activité de ces deux pays rivaux, la Russie commença à
perdre son prestige. Elle semblait vraiment renoncer
de son propre gré à l'intérêt paternel si longtemps
montré par elle aux communautés chrétiennes. Son
indifférence produisait le plus mauvais effet. On y
voyait la preuve que désormais l'intérêt manifesté
par la Russie à l'égard des nationalités slaves dans
la péninsule des Balkans était purement d'ordre
politique; et, comme tel, il était de nature à provoquer des résistances parmi les peuples balkaniques, qui consentaient volontiers à être redevables au
tsar de Russie de leur liberté religieuse, mais n'entendaient pas que leur action politique fût dirigée
par Nicolas II ou par qui que ce soit autre qu'eux-
mêmes.

Je me suis étendu quelque peu sur ce point, parce
que c'est vraiment la clef de la situation moderne. La
raison essentielle qui justifiait la prééminence de la
Russie en Orient était la protection que, de temps

immémorial, elle avait assurée aux sujets chrétiens du Sultan. Si elle laissait son influence s'affaiblir, elle ouvrait la porte à toutes sortes d'éventualités, et il y avait là des gens tout prêts à en profiter. L'empereur Guillaume II fut des premiers à se rendre compte de la situation et, lors de sa première visite au Sultan, il recueillit avec soin les vœux des chefs des communautés chrétiennes de Constantinople. Il se rendit compte que leur fidélité envers la Russie était fortement ébranlée. L'Empereur allemand observa avec clairvoyance cette importante évolution et quand, dans ces dernières années, les événements le mirent en contact plus étroit avec Ferdinand de Bulgarie, le cours des choses me montra que Guillaume II l'avait engagé à consacrer toute son énergie à la tâche de supplanter la Russie et de s'ouvrir ainsi la route vers l'accomplissement de son vœu le plus cher — devenir l'Empereur d'une Turquie chrétienne.

Ferdinand n'était que trop disposé à entendre cette insinuation et immédiatement il se mit à l'œuvre pour suivre avec fermeté et succès la politique qui l'aurait probablement conduit à la réalisation de ses espérances, sans le concours opportun donné par la Serbie à Nicolas II de Russie.

On n'a pas bien su que, lorsque a éclaté la seconde guerre balkanique entre la Bulgarie, la Serbie et la Grèce, la Serbie avait conclu une entente secrète avec le gouvernement russe. L'affaire fut négociée par un ami intime de M. Pachitch, M. Guentchitch, ancien ministre serbe, qui passsa à Pétersbourg la plus grande partie de l'été 1913. Ce ne fut pas un secret pour Berlin, où Guillaume II y vit un danger sérieux pour sa politique dans le Levant. Pour parer aux conséquences de cet accord entre la Serbie et la Russie, l'Empereur allemand se hâta de frayer la route à une réconciliation entre Ferdinand et Mahomet V en les amenant à se convaincre que leur intérêt à tous deux était d'annihiler l'influence russe dans les régions de la mer Noire non comprises dans le propre territoire de cette puissance.

Le baron von Wangenheim, qui remplaça le baron Marshall von Bieberstein près de la Sublime Porte, travailla à se concilier la faveur du nouveau Sultan et de ses conseillers, tout en continuant à rester en bons termes avec Abdul. Tout cela servait les desseins de la diplomatie allemande au détriment de l'action russe.

Pendant mon dernier séjour en Turquie, à la fin de 1913, j'eus l'occasion de voir M. de Giers, l'ambassadeur de Russie. Il m'avait très aimablement invité à dîner, et, après le café, nous eûmes une conversation sur les brûlantes questions du jour. Mon hôte manifesta une confiance absolue dans l'œuvre de la diplomatie européenne, qui avait non seulement réussi à prévenir une guerre générale, mais à en écarter la menace pour toujours. Il commettait la faute de ne regarder que le moment présent et, bien qu'il ne fût pas dépourvu de beaux dons d'intelligence naturelle, il avait pris l'habitude de ne jamais risquer un pas décisif sous sa propre responsabilité.

Presque aussitôt après son arrivée à Constantinople, on lui prêta cette déclaration qu'il ne se laisserait jamais entraîner dans une intrigue. Son attitude rendait très vraisemblable qu'un pareil propos fût tombé de ses lèvres. Il avait reçu avec une extrême froideur les compliments de bienvenue que lui adressèrent un certain nombre de Bulgares de marque et de personnages importants de la communauté grecque; et, en même temps, il donna l'impression à la Sublime Porte qu'il ne se croyait pas le droit de se mêler des questions intéressant l'administration intérieure de l'Empire turc et que sa seule mission était d'avoir de bonnes relations avec le gouvernement auprès duquel il était accrédité. Dans ce but, M. de Giers s'acquitta le mieux du monde de ses devoirs sociaux. Il avait un excellent cuisinier, recevait avec une large hospitalité et était, dans ses manières, d'une exquise politesse.

Mes observations personnelles et les opinions que je pus recueillir parmi les membres des différentes ambassades me firent constater avec plaisir qu'il n'avait jamais envisagé sérieusement la possibilité d'une alliance prusso-turque. Comme une partie de ma mission d'enquête consistait à regarder attentivement tout ce qui était de nature à révéler l'état de l'opinion sur l'influence allemande, mes sens étaient naturellement tendus à un haut degré de perception. Par la suite je vis en général les événements justifier mes conclusions. Ainsi, lorsque l'ambassadeur de Russie fit des objections à l'installation du général Liman von Sanders comme virtuellement le chef de l'armée turque, il le fit plus par déférence pour son collègue de France que par une intuition personnelle du danger que cette mainmise pouvait dans l'avenir faire courir à son pays. Il jugeait la Turquie trop faible pour provoquer jamais une guerre contre la Russie et son armée trop désorganisée pour lui permettre l'espérance d'un relèvement. Bien plus, il restait convaincu de la persistance et de la force inébranlée des sentiments d'amitié que le gouvernement ottoman avait pour le Tsar. S'il avait eu un doute à cet égard, il avait été, dans son esprit, banni pour toujours par le simple fait de l'envoi d'une mission chargée de saluer le Tsar lors de la dernière visite qu'il avait faite à Livadia, en Crimée. C'était, à ses yeux, la confirmation complète de sa conviction.

Au cours de la soirée que nous eûmes, comme je l'ai dit déjà, l'occasion de passer ensemble, M. de Giers fit de nombreuses allusions à son thème de l'amitié musulmane, et parut très surpris quand, pour l'amener à se livrer plus complètement, j'exprimai un doute.

« Pourquoi la Turquie ne nous aimerait-elle pas ? me dit-il. Nous sommes ses plus proches voisins et nous ne souhaitons certainement pas la chute de l'Empire ottoman, ni même une diminution de sa puissance. Sans doute nous ne sommes pas ravis de voir chez elle des instructeurs allemands, mais cela ne trouble pas nos sentiments pour elle. Nous aussi nous pourrions lui envoyer des officiers aussi habiles et aussi consciencieux pour instruire ses troupes. »

— « Excusez mon insistance, répliquai-je, mais n'avez-vous jamais pensé qu'un jour pourraient survenir des complications internationales dont la Turquie serait tentée de profiter pour se jeter sur vous avec l'espérance de reconquérir quelques-unes de ses provinces perdues ? Dans cette éventualité il serait très naturel que la Turquie agît ainsi. »

— « Certes oui ! répondit l'ambassadeur, mais vous pouvez me croire, il n'y aura pas de complications générales, en tout cas pas avant longtemps. Il y a quelques mois nous avons été très près de la guerre, mais aujourd'hui je ne vois vraiment pas ce qui pourrait la provoquer. Je ne crois pas qu'il y ait un souverain en Europe qui oserait risquer pareille aventure. Ne voyez-vous pas, aussi, que les armements fiévreux qui s'accroissent de toutes parts sont la meilleure garantie d'une longue période de paix ? »

— « Peut-être avez-vous raison, repris-je, mais avez-vous réfléchi que ces armements mêmes peuvent devenir une charge impossible à porter et que l'une ou l'autre des puissances peut être poussée à la guerre pour prévenir les embarras financiers que doivent amener des dépenses militaires aussi formidables en rendant la vie du peuple intolérable? »

CHAPITRE VI

LE PRESTIGE DE L'ALLEMAGNE EN ORIENT

Nous en avons dit assez dans les chapitres précédents pour donner une idée claire de l'activité et du caractère du travail diplomatique de l'Allemagne en Orient. La confiance satisfaite de la Russie dans la supériorité de son influence facilitait le succès de ce travail; et, laissant de côté toute discussion d'*éthique* politique, peut-on penser qu'un diplomate quelconque de n'importe quelle nation se serait interdit de tirer avantage de cette situation et d'en faire profiter son pays au détriment de l'Empire russe?

Comme nous l'avons vu, l'Allemagne avait toujours été vigilante et entreprenante; elle fut ainsi facilement la première en action. Tandis que les autres s'endormaient dans une satisfaction béate d'eux-mêmes, l'Allemagne chercha le moyen de se créer une situation dans le Levant et, par les procédés appropriés à la mentalité turque, elle y réussit.

Un facteur considérable du développement rapide de l'influence teutonne fut que les agents du *Father-*

land s'appliquèrent à comprendre les complications du caractère oriental et réglèrent leur conduite de façon à provoquer le moins possible de conflits. L'empereur Guillaume II lui-même n'était pas, à ce point de vue, à la remorque de ses ministres. L'étude qu'il avait faite des Turcs lui permettait de les suivre à merveille dans les replis tortueux de leur esprit et de leur morale et de prendre avec les Musulmans l'attitude qui convenait. Appréciant avec exactitude à quel point le Turc est séduit par le faste théâtral et la grandiloquence, il arrêta en conséquence tous les détails de sa visite mémorable aux différents domaines de l'Islam dans la Méditerranée. Même les plus petits incidents furent soigneusement préparés à l'avance en vue de l'impression que l'Empereur désirait laisser.

Une chose particulièrement remarquable fut le pèlerinage de Guillaume II en Terre sainte. Quand il arriva en vue de la vallée de Jérusalem, il demanda qu'on lui montrât le point exact d'où la tradition rapporte que Godefroy de Bouillon eut la première vision de la Ville Sainte. S'y étant placé, il resta quelque temps immobile à la regarder et exprima ensuite le désir d'élever à cette place un monument : « Parce que, ajouta-t-il, il convient qu'une pierre commémorative destinée à perpétuer le nom du premier roi de Jérusalem soit dressée par le premier Souverain allemand qui a pu marcher dans la trace de ses pas. »

Le dignitaire turc, attaché à la suite de l'Empereur,

qui m'a rapporté cet incident, m'a révélé aussi une proposition bien curieuse que fit Guillaume II lorsqu'il vint s'incliner devant le sanctuaire de l'église du Saint-Sépulcre. Tous les visiteurs savent qu'un calme recueilli n'est pas du tout l'atmosphère habituelle de ces lieux, et que des disputes continuelles s'élèvent, jusque dans l'intérieur du sanctuaire, entre les différentes communautés religieuses. Aux yeux de l'Empereur, c'était une sorte de sacrilège que le maintien de l'ordre, dans l'endroit le plus saint de la Chrétienté, fût confié aux Musulmans et il fit au Pacha, qui lui servait de cicerone, cette question extraordinaire : « Ne croyait-il pas possible d'obtenir du Sultan la cession à l'Allemagne de la ville de Jérusalem avec l'église du Saint-Sépulcre, afin qu'elle puisse la défendre contre toute profanation? Il n'est pas décent que le tombeau du Christ soit le théâtre de contestations continuelles. Si le Sultan consentait à faire de l'Allemagne la gardienne de Jérusalem, tous ces incidents déplorables cesseraient. Que son désir soit accueilli — ajoutait-il comme argument — et la tranquillité sera rétablie entre tous ces guides chrétiens en rivalité qui rôdent autour de l'enceinte sacrée et se battent pour dépouiller les voyageurs et les pèlerins. »

L'empereur allemand suivit avec tant d'ardeur cette idée nouvelle qui avait soudainement illuminé son esprit que, malgré l'affirmation du Pacha que jamais le Sultan ne se prêterait à un pareil désir, Guillaume II saisit de la question son ministre des Affaires étrangères. L'impossibilité de faire sérieusement une proposition de ce genre apparut si évidente aux fonctionnaires de la Wilhelmstrasse, que la demande impériale ne fut transmise à la Sublime Porte que dans des termes tels que les autorités turques comprirent à demi-mot et n'eurent pas d'hésitation à répondre par un refus catégorique dans des formes polies.

La politique théâtrale se montra aussi avec éclat quand Guillaume II vint au Maroc. Par le déploiement prodigue des fastueuses parures de la royauté, par son apparence de respect pour les dévotions musulmanes, et par une généreuse distribution de bakshishs, il obtint une popularité bruyante parmi les Maures. Il réussit certainement à donner l'impression d'un grand et puissant monarque. Il se montra d'une extrême amabilité pour tous ceux avec qui il fut en contact. Pendant son voyage, il causa avec beaucoup d'Arabes et d'indigènes, et les interrogea surtout sur le degré de leur amitié pour la France.

Le jour de son départ, les speechs de congratulations habituels furent échangés. Celui de l'Empereur, avec les compliments d'usage, contenait quelques phrases d'inquiétant présage qui ne furent pas rendues publiques; ce furent des mots téméraires, dits légèrement, mais prêtant, pour les gens mal disposés, à une interprétation sinistre. Il termina son petit discours dans ces termes : « Je rentre chez moi, ravi de mon voyage, mais je ne vous dirai pas adieu. Je veux espérer que bientôt je pourrai revenir, non plus en voyageur, mais en allié du grand Sultan de Turquie et en ami dévoué, protecteur de l'Islam. »

Il avait exprimé des sentiments semblables quelques années plus tôt à la fin de son voyage en Terre sainte. La raison secrète de ces incidents n'est autre que la conscience de la valeur que pouvait avoir, pour l'Allemagne, l'amitié de la Turquie ou tout au moins sa complaisance. Guillaume II était convaincu des avantages que tirerait son empire, si certaines éventualités se produisaient, d'une alliance avec la Turquie et l'Islamisme et, quoi que pussent penser de ses actes d'autres nations, il était assez patriote, — parfois jusqu'à l'imprudence, — pour regarder toujours l'avenir quand il agissait ou quand il parlait. S'ils jettent un regard en arrière sur les années de son règne, tous les observateurs qui étudièrent les évolutions de sa politique reconnaîtront la vérité de cette affirmation. L'empereur allemand n'avait une sympathie profonde ni pour le sultan de Turquie ni pour le sultan du Maroc, mais ses vues lointaines lui montraient l'importance de l'amitié de l'Islam, si la Russie venait à se mettre en travers du développement de l'influence allemande dans les Balkans, ou prenait ombrage de l'autorité indiscutable que l'Allemagne s'était assurée sur l'administration militaire turque. Une flotte turque bombardant Odessa, ou une guerre sainte proclamée dans la région du Caucase, obligerait la Russie à se démunir des troupes dont elle avait besoin sur sa frontière de l'Ouest, et ce serait un gros atout.

Cet ordre de pensées est, nous l'admettons, dans le domaine des choses qu'on ne peut prouver, mais ce qui ne se prouve pas n'est pas nécessairement illusoire. En réalité, on savait fort bien dans certains cercles de Berlin que, depuis quelques années, l'empereur allemand avait l'idée fixe que, si on ne voyait pas la raison certaine pour laquelle il aurait la guerre avec la Russie, il était pourtant inévitable qu'un jour un conflit éclaterait dont l'éventualité n'était pas écartée par l'existence de l'entente franco-russe. Dans les milieux financiers de Berlin, cette conviction était fortement répandue et disposait les grands banquiers à accueillir avec faveur les projets ou les concessions devant entraîner de grosses spéculations d'argent dans les régions turques, mais promettant de très gros bénéfices au commerce et à l'industrie de l'Allemagne.

La révolution turque, qui aboutit à la déposition d'Abdul Hamid, ne nuisit pas aux desseins allemands; au contraire, l'avènement de Mehmed Rechad et l'arrivée au pouvoir d'Enver Pacha furent des événements de nature à établir sur une base encore plus solide l'influence allemande en Turquie. Comme tout le monde le sait, le prestige de l'Allemagne subit, il y a trois ou quatre ans, une éclipse momentanée, mais l'influence allemande, qui est une chose très différente du prestige, en souffrit beaucoup moins qu'on ne le croit généralement. Ce fut, cependant, pour ceux qui savaient comment les courants se dirigeaient au-dessous de la surface, une petite surprise de voir, quand éclata la guerre entre la Turquie et ses voisins slaves, Enver Bey — c'était son titre d'alors — demander à Guillaume II d'autoriser un certain nombre d'officiers allemands à prendre une part active à la lutte. Ils reçurent cette autorisation et leurs efforts furent suivis avec un très chaud intérêt. Quand Andrinople tomba, il est de notoriété publique que l'empereur allemand télégraphia au Sultan son regret. Ce qu'on ne sait pas en dehors d'un cercle étroit de hauts agents politiques, c'est que le télégramme royal contenait aussi l'expression un peu étonnante du sentiment que voici :

« Je ne désespère pas de voir dans un temps très court cet ancien sanctuaire de l'Islam rentrer dans les mains de Votre Majesté, et Votre Majesté peut être assurée que je ferai tout ce qui sera en mon pouvoir pour qu'il en soit ainsi. »

Il n'est pas nécessaire de dire que ce télégramme était chiffré.

Pendant la discussion du traité de paix, l'ambassadeur d'Allemagne à Londres reçut des instructions formelles lui prescrivant d'insister pour qu'Andrinople restât aux Turcs, et après la guerre qui recommença et régla automatiquement cette question irritante, Guillaume II proposa — quelques-uns disent imposa — l'envoi d'une nouvelle mission militaire. Cette mission avait des pouvoirs exceptionnels, mais elle n'était plus commandée par le feld-maréchal von der Goltz. L'Empereur le tenait en disgrâce. Il pensait sans doute que la diminution de prestige dont il a été parlé un peu plus haut était due à l'insuffisance du zèle qu'avait mis von der Goltz à soutenir la cause de l'Allemagne.

Pour cette raison ou pour une autre, ce fut le maréchal Liman von Sanders qui fut mis à la tête de la mission. On disait à Berlin que l'audience d'adieu de von Sanders chez l'Empereur avait duré beaucoup plus longtemps que de coutume. Le bruit courut même parmi les gens bien informés que l'objet de la conversation avait été l'examen des moyens à employer pour parvenir à un véritable traité d'alliance entre la Turquie et le *Fatherland* et que le général partit pour Constantinople avec la conviction que cette alliance profiterait à l'Empire ottoman beaucoup plus encore qu'à l'Allemagne.

J'ai connu le maréchal Liman von Sanders. C'était un très aimable homme, d'un tact très sûr, d'excellentes manières, possédant des connaissances militaires étendues et comprenant fort bien les devoirs qu'il était appelé à remplir. Quand il arriva en Turquie, il se mit tout de suite à l'œuvre et s'adapta à sa situation délicate avec une diplomatie prudente et beaucoup d'habilelé. Il se rendait fort bien compte que sa route était semée de périls. Beaucoup de Turcs le regardaient de travers et ceux même qui appuyaient chaudement l'idée d'une alliance allemande ne se résignaient pas à voir l'armée turque mise si complètement dans ses mains. La difficulté de son rôle fut aggravée par son ignorance de la langue turque; il n'avait pas, d'autre part, une connaissance suffisante du caractère de ses subordonnés pour être sans inquiétude en leur accordant sa confiance. Cependant, avec une vraie énergie teutonne, il s'appliqua à la tâche de triompher de ces multiples obstacles et de réussir mieux que ne l'avait fait son prédécesseur. D'accord avec Enver Bey, il eut l'idée d'instruire les troupes loin des yeux de Constantinople, et il prit, en conséquence, comme siège de ses opérations, les régions éloignées de l'Asie Mineure, où les progrès réalisés ne pourraient être surveillés et notés par des observateurs intéressés. Ses efforts assidus y furent récompensés et, au moins pour tout ce qui concernait les manœuvres et la discipline, les méthodes du système militaire allemand furent appliquées avec succès. Comment, dans une guerre moderne, l'armée musulmane tiendrait devant l'épreuve, c'était alors le secret des dieux. Il y eut, toutefois, une difficulté qu'on ne parvint jamais à surmonter; c'était l'hostilité latente des troupes turques au commandement de « ces chiens de chrétiens ».

L'Allemagne trouva à exercer ses qualités de ténacité sur d'autres objets que l'organisation de l'armée. Il est à remarquer que, depuis les plus hauts agents officiels de sa diplomatie jusqu'aux plus humbles employés civils, elle se trompe rarement dans ses choix. Chacun et tous sont soucieux des progrès de l'Allemagne, savent ce qu'on attend d'eux et font de leur mieux pour justifier la confiance dont ils sont investis.

Il ne faut donc pas s'étonner que, tandis que déclinait le prestige de la Russie, l'influence allemande devint de jour en jour plus puissante. Les Turcs étaient de plus en plus convaincus de la grandeur de l'Allemagne, de sa force supérieure dans le monde et, ce qui fut son plus gros atout, de sa fidélité envers ceux qu'elle tenait pour ses amis. Le commerce et l'industrie allemands y gagnèrent une extension considérable et les manufactures allemandes enlevèrent à celles des autres pays le marché turc. L'Angleterre garda sa situation mais vit à peine s'accroître l'importance de ses importations, tandis que l'Allemagne progressait par sauts et par bonds jusqu'à ce que le chiffre de son trafic en Turquie, comparé à celui de trente ans en arrière, eût centuplé. La Grande-Bretagne s'éveilla tout à coup devant la constatation du fait que le mouvement d'affaires qu'amenait le développement des facilités commerciales en Turquie allait du côté de l'Allemagne et que celle-ci dérivait à son profit ce que les Anglais s'étaient habitués à considérer comme leur monopole.

Non seulement en Angleterre, mais dans les autres pays d'Europe on vit, en présence de l'énorme extension du trafic allemand dans le Levant, se manifester une très sérieuse inquiétude, causée moins encore par cette conquête du commerce oriental que par les circonstances qui l'avaient rendue possible. Les diplomates et les consuls s'attachèrent à découvrir les causes qui avaient contribué à ce rapide et large développement et de ces enquêtes résulta une tension qui donna lieu, dans divers ordres, à des conflits et à des provocations. Le malaise qui en fut la conséquence fit renaître l'activité des différentes puissances, qui se mirent à l'œuvre pour reprendre le terrain perdu, ou, selon les cas, conserver les positions acquises, jusqu'au jour où on vint à envisager la possibilité de la guerre.

Il est certain que l'Allemagne perdit beaucoup de son prestige, et que l'Angleterre parut avoir remporté une victoire diplomatique dans les derniers temps du règne du baron von Marshall à l'ambassade d'Allemagne, mais cela ne servit qu'à stimuler l'effort des Allemands et ceux-ci, par les moyens dont ils avaient l'expérience, parvinrent assez vite à sortir de cette crise aussi puissants que jamais.

Je constate avec satisfaction que cette conviction de force, d'énergie et de virilité mise par les diplomates allemands dans l'esprit des hauts fonctionnaires turcs, aida la Sublime Porte à accepter l'idée qu'elle assurerait sa sécurité en faisant avec l'Allemagne une alliance qui ne serait pas moins efficace parce qu'elle ne serait pas officiellement divulguée aux yeux de l'Europe. Pour les Turcs, les Allemands étaient les maîtres dans l'Ouest; cette croyance était fortifiée par la prodigalité avec laquelle ils répandaient l'or en Turquie.

J'ai sous les yeux, en ce moment, un document qui tomba dans mes mains en 1914. C'est un manuscrit d'une haute personnalité allemande qui avait été liée d'une étroite amitié avec Guillaume Ier, mais qui n'a jamais approuvé les idées morales du petit-fils du vieil empereur. Ce long réquisitoire sur les menées germaniques en Orient — car c'en est un — affirme que la grande raison qui a rendu la Sublime Porte docile aux inspirations de l'Allemagne a été que celle-ci a été la seule à ne jamais soulever de difficultés quand la Turquie était à court d'argent. L'Empire ottoman avait à peu près épuisé son crédit en France, en Angleterre et dans d'autres pays, et ses négociations avec l'Amérique n'avaient pas été couronnées de succès. L'Allemagne fut la seule à être plus large et ouvrit sa bourse à la Porte avec un empressement qui aurait dû éveiller les soupçons sur les arrière-pensées qui se dissimulaient sous une amitié et une générosité en apparence désintéressées. Malheureusement pour leur pays, les hommes d'État turcs manquèrent de clairvoyance. Leur aveuglement était peut-être volontaire, car il y a des gens qui disent que, sur le montant des espèces solides que reçut la Sublime Porte, la moitié alla dans leurs poches. Quelle qu'en soit la raison, le fait certain, c'est que la Turquie se laissa complaisamment mettre la corde au cou. Le document tend à établir que c'est par ce moyen que l'empereur Guillaume II prépara le terrain pour obtenir l'agrément de l'Empire ottoman a une alliance. Sa prévoyance avait dirigé ses efforts dans ce sens, longtemps avant qu'il fût généralement reconnu combien la situation dans les Balkans pouvait devenir critique. Quand donc l'Europe s'aperçut du danger auquel une conflagration demi-européenne exposait les grandes puissances, l'Allemagne avait déjà solidement attaché à elle l'amitié de la Turquie, et avait ainsi acquis une situation pouvant lui procurer des avantages matériels importants si elle se trouvait entrainée dans un conflit.

D'autres choses étaient mises en lumière dans l'exposé que je cite. Ce qui suit est d'un intérêt capital, car cela se rapporte à la période qui a précédé immédiatement la guerre. L'auteur accuse nettement Guillaume II d'avoir voulu provoquer une rupture. L'empereur allemand craignait que la Russie ne donnât pas à fond son appui à la Serbie, et en conséquence il envoya un émissaire confidentiel pour « suggérer au tsar Ferdinand, à Sofia, qu'au cas où le gouvernement russe adopterait une attitude conciliante, il serait de son intérêt d'envahir le territoire serbe ».

Je reproduis les termes exacts que je trouve dans le document : « Ces ouvertures, poursuit l'exposé, furent reçues amicalement, mais Ferdinand déclara que les circonstances l'obligeaient à une extrême réserve. Dans l'état de l'opinion publique en Bulgarie, il ne lui était pas possible de prendre une décision aussi grave; mais, si quelque « insolence serbe » pouvait être prouvée, les Bulgares appuieraient alors certainement l'attitude résolue qu'il ne manquerait pas d'adopter. En tout cas, aurait dit le tsar de Bulgarie, si je ne puis pas prévoir ce qui se produira, la question de la neutralité de la Bulgarie ne doit pas être soulevée jusqu'à ce que l'ouverture d'un conflit la rende intéressante pour l'Europe. Et même alors il ne faudra pas la discuter avant qu'on en soit à la dernière phase; à ce moment notre neutralité pourra être plus qu'un pion dans le jeu. »

Pour en revenir aux choses qui sont à ma connaissance personnelle, j'étais à Berlin quand, peu de temps avant la guerre, Enver Pacha fit, très en hâte, une visite à la Wilhelmstrasse. Je passai une heure avec lui, avant qu'il repartît pour Constantinople. Il paraissait exceptionnellement animé et heureux, plein d'ardeur et attendant pour son pays de grandes choses dans un avenir très prochain.

« Depuis quelque temps, me dit-il, des émissaires secrets envoyés par la Turquie travaillent l'esprit de la population musulmane du Caucase, faisant de leur mieux pour détruire, en elle, tout sentiment de respect pour la Russie. A Batoum, ajouta-t-il, me parlant avec une plus grande liberté, sans doute parce qu'il me savait un agent politique, des armes et des munitions ont été distribuées aux indigènes d'origine ottomane. Il est certain que les populations des rivages de la mer Noire ont été gagnées et n'attendent que le moment pour se déclarer en faveur de la cause turque; en même temps, les Arméniens, irrités de l'indifférence de la Russie, ne lèveront pas le petit doigt pour la sauver. La Russie, poursuivit Enver, a perdu la sympathie de toutes les nations slaves des Balkans, sauf le Monténégro et la Serbie. Aujourd'hui, me dit-il enfin, la Turquie est absolument enthousiaste de l'Allemagne. »

Quand Enver quitta Berlin, après sa visite secrète, je le conduisis à la gare. Je m'étais pris d'amitié pour le jeune officier, malgré ses nombreux défauts et son implacable ambition. Il me confia qu'il avait eu une longue conversation avec l'Empereur; il en paraissait très heureux. Plus d'une fois je me suis demandé quelle influence cette entrevue avait eue sur les événements qui ont suivi sur le Bosphore. Sans aucun doute, aux yeux d'un homme comme Enver Pacha, la situation en Orient devait prendre une importance capitale, et il eût été invraisemblable qu'il eût manqué l'occasion d'avoir une franche conversation avec l'empereur Guillaume. Il me paraît même probable que la visite au kaiser devait être une entrevue concertée d'avance plutôt que le résultat d'une circonstance fortuite mise à profit avec empressement. Ma curiosité fut encore plus excitée, quand je reçus, par le même courrier qui annonçait que la Turquie entrait en guerre, une lettre de la main d'Enver Pacha contenant ces simples mots : « L'heure a sonné. Qu'Allah nous protège ! »

CHAPITRE VII

LES AMBASSADEURS PRÈS DE LA SUBLIME PORTE

Un agent politique jouit de plus de liberté qu'un diplomate. Il est tenu à moins de réserve, et, s'il n'a pas de répugnance pour les petits échanges de commérages mondains, il trouve la vie pleine d'imprévu. Je puis dire sans vanité qu'à mon retour à Constantinople, après que les exigences de mon service m'en avaient éloigné, je constatai que je n'y avais pas été oublié pendant mes années d'absence. Le but de cette remarque n'est pas de me vanter de ma popularité, mais d'expliquer comment je pus entendre chuchoter bien des confidences de salons, qui, jointes à ce que mes observations personnelles avaient pu m'apprendre, m'ont procuré assez d'éléments pour me permettre de donner quelques esquisses des différentes figures diplomatiques qui ont passé à Constantinople.

Les ambassades y offraient un intérêt exceptionnel parce que l'atmosphère politique était toujours chargée d'éventualités qui mettaient la vie diplomatique à l'abri de tout risque de monotonie.

7

C'était, par suite, le désir de tous les jeunes gens ambitieux d'avoir un poste auprès de l'ambassadeur de leur pays près de la Sublime Porte, à cause de l'expérience qu'on y pouvait acquérir de la conduite des affaires politiques modernes. Cela et le fait que les lieux de séjour élégants aux environs de la capitale turque, délicieux pendant les mois d'été, attiraient beaucoup de personnages de marque, faisaient de Constantinople un lieu d'observation plein de ressources.

Pendant une longue période, le baron von Radowitz représenta l'Allemagne près de la Sublime Porte. C'était un homme charmant, de manières brillantes et d'une grande habileté diplomatique. Bien que le vieux prince Gortchakoff répétât toujours que le baron était un lourdaud, von Radowitz n'en fit pas moins de très bonne besogne pour son pays. Il n'est pas douteux que c'est à lui qu'on doit les fondations sur lesquelles, plus tard, fut cimentée une amitié étroite entre Guillaume II et le sultan Abdul Hamid. Cette œuvre fut d'autant plus méritoire que jusque-là les relations entre l'Allemagne et la Turquie avaient été froides. L'histoire ne manquera pas de dire que le prince de Bismarck n'a jamais dissimulé le profond mépris qu'il avait pour le Turc, et ce sentiment était partagé et exprimé dans toute l'Allemagne. La Sublime Porte ne l'ignorait pas.

Quand Guillaume II monta sur le trône et prit l'initiative d'une politique d'amitié avec la Turquie, son ambassadeur trouva une ample matière à l'exercice de ses talents diplomatiques. Il est certain qu'un « lourdaud » n'aurait pas réussi. Il eut, au début, des moments terriblement durs. Von der Goltz avait, sans doute, fait quelque chose dans l'armée, mais les résultats étaient encore médiocres, et les Turcs se montraient empressés à recevoir les faveurs, mais sans se croire tenus d'offrir leur amitié en échange. Malgré tout et en face de la double difficulté qu'il y avait pour lui à remplir sa tâche sans laisser soupçonner les progrès qu'il faisait, le baron von Radowitz réussit à donner aux Turcs l'impression que lui, au moins, avait pour eux des sentiments très sympathiques. Dès ses premiers pas, par le soin qu'il prit de se faire bien venir de ceux qu'il fallait, il amena la Sublime Porte à penser que l'Allemagne était une amie de valeur et que lui-même avait obtenu quelques succès dans ses efforts inlassables pour enlever de l'esprit de ses collègues de la Wilhelmstrasse la « fausse impression » — c'était le délicieux euphémisme employé par le baron — qui, à son grand regret, avait jusqu'alors prévalu. S'il avait échoué, qui peut dire ce que seraient aujourd'hui les relations entre les deux pays? Quand Guillaume II fit, en 1889, son voyage triomphal à Constantinople, ce fut aussi un triomphe pour le baron.

Le baron von Radowitz devait à sa femme une partie de la popularité dont il jouissait. Elle était d'origine russe et exceptionnellement charmante. Le baron et sa femme firent à eux deux de l'ambassade d'Allemagne un centre de réunion très apprécié, car von Radowitz était lui-même un hôte parfait, accompli, amusant et un délicieux conteur. A l'humour de ses mots s'ajoutait l'accent de la vérité, car il était très observateur et savait beaucoup de choses que les autres croyaient avoir passé inaperçues.

Les médisants disent qu'il possédait cette qualité ou ce défaut communément attribué aux diplomates — et que ceux-ci s'entendent prêter avec bonne humeur, y voyant presque un délicat compliment — un penchant vers le manque de scrupules. Des dons plus appréciables étaient son extrême finesse, sa remarquable faculté d'adaptation, son urbanité aimable et une admirable connaissance de la nature humaine. Il employa ces qualités avec un grand discernement et beaucoup de tact et, pendant la durée de ses fonctions, à un moment exceptionnellement difficile, rendit d'éminents services à son Empereur.

Malgré tout cela il sentit la main de fer de Guillaume II, lorsqu'il se hasarda à insinuer que certaines instructions sur la politique qu'il était chargé de suivre à l'égard de la Serbie et de la Bulgarie étaient imprudentes. On ne voulut pas comprendre que sa connaissance des affaires dans la Péninsule des Balkans donnait quelque poids à son opinion ; aussi vite que le coup de tonnerre suit l'éclair, il reçut, en réponse à ses observations, l'ordre d'aller prendre le poste de Madrid. Ce changement inattendu et imprévu fut considéré comme une disgrâce, l'ambassade de Madrid donnant à son titulaire une bien moindre responsabilité que celle de Constantinople.

Cet événement se place entre mon premier et mon second séjour sur le Bosphore. M. de Radowitz quitta Constantinople en 1892, et en 1897, un autre diplomate éminent, mon ami le baron Marshall von Bieberstein, devint le successeur du baron Saurma de Jeltsch.

Le baron von Marshall avait l'avantage de venir à Constantinople en quittant des fonctions ministérielles au cours desquelles, notamment au ministère des Affaires étrangères, il avait acquis une complète connaissance de toutes les menées souterraines de la politique allemande en Orient. C'était une force considérable et, dans sa tâche diplomatique auprès de la Sublime Porte, il fut guidé et aidé par le fait qu'il connaissait mieux que personne le travail secret commencé dans les pays balkaniques et la mesure dans laquelle l'influence allemande s'exerçait dans les différents États du groupe. Il pouvait ainsi se rendre compte que l'avenir de la Turquie risquait d'être compromis par les intrigues des petits États qui s'agitaient près de ses frontières ou dans l'aire des Balkans. Il était ainsi, quand il arriva à Constantinople, dans une position favorable pour mater ou à l'occasion déjouer les mouvements secrets et il ne perdit pas de temps pour commencer ses opérations. Le baron, une fois à son poste, ne fut pas long à découvrir que les diplomates des autres puissances, sans excepter la Russie, bien que soupçonnant de quel côté le courant se dirigeait, ignoraient la force de ce courant et les évolutions probables de la situation.

Comme je l'ai montré dans les chapitres précédents, Bieberstein mit toute son énergie à refouler tous les courants contraires et s'attela d'abord tranquillement à la besogne de fortifier la Turquie. Il était naturel et de très légitime diplomatie qu'il fît son plus gros effort pour bien pénétrer le Sultan et les hauts dignitaires de la Turquie du sentiment de leurs obligations envers l'Allemagne pour les amicales dispositions de cette puissance à son égard. Arriver de là à l'exercice ferme d'une influence directe et d'un contrôle sur certains départements de l'administration de l'État n'était pas une entreprise au-dessus des forces d'un diplomate ayant la valeur et les ressources du baron von Marshall. Ce qu'avait commencé Radowitz, Bieberstein le mena à maturité.

Au moment où le baron prit son poste, il trouva l'Autriche guettant l'occasion d'annexer la Bosnie et l'Herzégovine en les enlevant au Sultan; à plus longue échéance, elle jetait des regards de convoitise sur la Serbie, au préjudice de la dynastie des Obreno-vitch. Sa préoccupation particulière, en ce qui con-

cernait la Serbie, fut que, si l'Autriche arrivait à satisfaire ses ambitions de ce côté, il en pût résulter
ensuite une menace pour la Turquie, ce qui n'entrait pas dans ses vues. Les circonstances amenèrent
la défaite du baron von Marshall, et la Bosnie et
l'Herzégovine devinrent la propriété de l'Autriche-
Hongrie. J'ai entendu dire tout bas que le baron ne
fut pas aussi inconsolable qu'on eût pu l'imaginer du
résultat de cette première rencontre, dans laquelle
il avait paru être le champion de la cause turque
contre l'Autriche, pour cette raison que certaines instructions lui étaient venues de Berlin sur l'attitude
nouvelle à observer à l'égard de l'empereur François-
Joseph. Que ce fût vrai ou non, il parut de bonne
politique de donner aux peuples de l'Orient l'impression que la Turquie avait trouvé une amie loyale dans
l'Allemagne et était ainsi mise en mesure de fournir
une nouvelle étape de vie. L'effet ne se fit pas attendre.
On vit se relever le prestige de la Turquie et le sentiment que l'Allemagne était dans la coulisse, pendant
que la Turquie était sur la scène, jeta une douche
froide sur les ambitions malsaines de Ferdinand, qui
n'était alors que prince de Bulgarie, aspirant à devenir
un roi indépendant. Quand la Bulgarie proclama son
indépendance en 1908 et que Ferdinand vit se réaliser
son ambition, il n'oublia pas sa rancune contre le
baron von Bieberstein, et ses sentiments pour l'Allemagne s'en ressentirent. Il garda vis-à-vis d'elle une

attitude équivoque, promettant beaucoup mais remettant toujours à plus tard l'exécution de ses promesses.

A la grande satisfaction de Bieberstein, son impression de défiance quant à la valeur des promesses de Ferdinand et à la sincérité des intentions de celui-ci fut partagée par Guillaume II, qui ne lui montra plus qu'une tiède tolérance. Il est difficile d'exprimer cela en termes plus précis et même quand l'archiduc François-Ferdinand, qui raffolait de son cousin de Bulgarie, fit des efforts pour amener un rapprochement entre Ferdinand et Guillaume II, cette tentative ne réussit pas. Cet ensemble de circonstances était autant de gagné pour les projets de von Marshall, dont l'ambition était de faire entrer la Turquie dans la Triple Alliance. Les facteurs à l'aide desquels il espérait y parvenir étaient de deux sortes. D'abord, l'acceptation par la Turquie des protestations solennelles d'amitié désintéressée de l Allemagne, et, en second lieu, la crainte qu'avait la Turquie de ses voisins.

Les efforts du baron von Bieberstein pour soutenir les intérêts allemands en Turquie n'ont pas besoin d'être racontés; ils réussirent à ce point qu'il fut tout près de signer un traité d'alliance formel entre les deux empires. Du jour de sa venue en 1897, toute son énergie s'est appliquée à assurer à son pays une voix prépondérante dans les affaires turques et ce fut pour lui un amer désappointement de voir le triomphe éclatant qu'il attendait d'une alliance réalisée sur les bases arrêtées par la Wilhelmstrasse lui échapper par suite de l'entêtement d'Abdul Hamid, qui, à la dernière minute, refusa de s'engager autrement que par une promesse verbale de concours, dans le cas où une guerre éclaterait dans l'Ouest. Sous le coup de cette déception, l'obstiné diplomate songea à réaliser son dessein en se servant d'Enver Bey, dont l'étoile montait. Mais c'est là une histoire que j'ai déjà racontée.

Le baron Marshall von Bieberstein était un gros homme, aux larges épaules, rude, mais d'apparence bienveillante. C'était un causeur spirituel, ayant cette rare qualité de montrer une gaieté enthousiaste dans les distractions mondaines. Il émaillait volontiers sa conversation de plaisanteries et de satires, mais il avait en même temps une grande largeur de vues et possédait une faculté d'intuition rapide qui lui donnait un pouvoir extraordinaire d'adaptation. Lorsqu'il fut nommé à Londres dans l'été de 1912, on pensa qu'il avait bien gagné cette haute position. Et quand il mourut quelques mois plus tard, ses ennemis mêmes — et il s'en était fait beaucoup pendant sa brillante carrière au ministère des Affaires étrangères de Berlin — reconnurent qu'un grand homme venait de disparaître.

J'appris avec une sincère satisfaction la nomination du baron von Wangenheim à l'ambassade de Constantinople. Il était de mes amis personnels. Le choix de l'Empereur fut particulièrement heureux. Il avait autant de tact et de hardiesse que son prédécesseur et son esprit prompt ne laissait échapper aucune occasion pouvant procurer un avantage à son pays. Pendant la crise balkanique, sa conduite fut d'une extrême prudence et, même dans les moments de plus grande tension, il sut, à la fois, garder son sang froid et dissimuler ses vraies opinions.

Le baron von Wangenheim avait une foi profonde dans la *Welt-Politik* de l'Empereur Guillaume II et était fermement convaincu que le peuple allemand était le peuple de Dieu. Ce fut pendant qu'il était à l'ambassade que le pacte secret, que le baron von Marshall avait été si près de faire signer, fut enfin conclu (1). Cet exploit diplomatique donna une grande satisfaction à ceux qui voyaient avec inquiétude se relâcher le lien de la triple alliance du côté de la « perfide Italie », comme on appelait volontiers alors cette troisième partie du traité de 1887.

Parmi les autres diplomates que je rencontrai lors de mon voyage à Constantinople, je mets à la première place le margrave Pallavicini, représentant de notre alliée l'Autriche depuis 1906. Il était de la branche hongroise de cette illustre famille et l'incarnation de la politesse de cour. Il devint populaire dès qu'il s'installa à Péra; sa dignité et son affabilité le

______

(1) Malgré l'absence de consécration officielle, l'objet de l'accord fut bien une alliance verbale. C'est ainsi qu'on le qualifie à la Wilhelmstrasse.

faisaient rechercher de tous. Il s'efforçait de mettre à l'aise tous ceux avec qui il causait, mais il était maître dans l'art d'arrêter avec courtoisie ceux qui s'aventuraient à prendre trop de liberté. Ses allures ont parfois une nuance de somptuosité; on le lui pardonne parce qu'il est colossalement riche. Ses travaux diplomatiques portent l'empreinte d'un grand bon sens; c'est un ambassadeur à principes.

Je ne vis M. Louis Bompard que lors de ma dernière visite, bien qu'il ait représenté la France près de la Sublime Porte depuis 1909. Il avait occupé précédemment le poste diplomatique de Pétersbourg, ce qui devait l'aider considérablement à surveiller les évolutions de la politique à Constantinople. Quand il arriva à l'ambassade, le travail de substitution de l'influence allemande à l'influence russe était à peu près achevé; il y trouva cependant l'emploi de son activité et bien des choses l'intéressèrent. Sans avoir un esprit brillant, il était d'une indéniable habileté et possédait un don de pénétration singulièrement aigu. Je crois qu'il voyait mieux la véritable situation et les causes qui l'avaient amenée, que beaucoup de ceux qui avaient été depuis des années dans la place. Il condamnait catégoriquement les interventions européennes dans les affaires intérieures de la Turquie et était particulièrement dédaigneux de ce qu'il appelait les « intrigues de harem ». Et comme il se gardait, pour son compte, de se mêler à aucune espèce d'intrigue, il se concilia le respect sincère des pachas et des autres officiers qui étaient les conseillers privés du Sultan.

Mehmed Rechad était depuis trois mois sur le trône quand M. Bompard arriva à Constantinople; je veux dire par là que l'ambassadeur de France manqua le spectacle de la révolution. Il n'avait pas été fâché de quitter Pétersbourg où il avait senti, dans le monde, le désagrément de succéder à un ambassadeur extrêmement riche qui recevait luxueusement et était de haute naissance. Cependant il resta ferme et fidèle dans ses sympathies pour la nation russe et fit de son mieux pour agir d'accord avec le représentant du Tsar dans toutes les graves questions qui surgirent pendant son séjour en Turquie.

[Passage supprimé par la censure.]

Avant que je n'eusse compris le caractère de M. Bompard, je me hasardai à lui demander son sentiment sur l'avenir de la Turquie et le rôle qu'elle pourrait être amenée à jouer, au cas d'un conflit entre la Triple Alliance et la Triple Entente. C'était au printemps de 1913, une semaine environ après mon arrivée à Constantinople. Nous fumions ensemble des cigarettes en regardant le Bosphore, après un dîner auquel nous avions été tous deux conviés. Je ne renouvelai pas ma tentative. L'attitude du diplomate me montra que ce pourrait être dangereux. Ses yeux clairs et sérieux semblèrent lire dans ma pensée, et il me donna l'impression qu'il avait immédiatement deviné pourquoi je lui posais une aussi grave question. On m'a dit — et je le crois — que, lorsque se produisit la crise européenne, M. Bompard réussit presque à convaincre le gouvernement ottoman que son intérêt était de rester neutre. Une telle décision aurait été la faillite du travail patient de l'Allemagne pendant des années. Et pourtant, il sembla bien un moment que la Turquie allait oublier tout ce que l'Allemagne avait fait pour elle et, malgré des obligations au moins morales bien précises, allait rester passive au moment où l'exécution de toutes les promesses d'amitié qu'elle avait faites devenait d'un intérêt vital. M. Bompard, en définitive, ne réussit pas. Par des moyens familiers à la diplomatie allemande, le baron von Wangenheim fit pencher la balance du côté de son pays.

J'ai peu connu sir Louis Mallet, le représentant du roi Georges V. Il avait une grande réputation d'habileté et on lui prêtait une expérience politique considérable; au demeurant, c'était un homme fort aimable, sympathique et agréable. Il passait aussi pour un observateur très fin. L'Empereur allemand, je le sais, le haïssait, parce qu'ayant eu l'occasion de le rencontrer à Londres, il l'avait vu montrer, avec une franchise un peu rude, combien il croyait peu aux protestations d'amitié pour l'Angleterre qu'affichait le kaiser.

Parmi les autres diplomates avec lesquels je fus en relation à Constantinople, l'ambassadeur d'Italie, le marquis Garroni, était un type accompli de la carrière. Bien qu'il occupât un poste très important à raison des grosses questions pendantes entre l'Italie et la Turquie, il ne semblait pas en prendre grand souci et se contentait de mener une vie facile, ce qui était peut-être, dans les circonstances, ce qu'il avait de mieux à faire. Je ne m'occupai pas beaucoup de lui et, d'ailleurs, j'avais été invité à Berlin à ne pas me laisser entraîner à trop d'intimité de ce côté. On m'avait recommandé spécialement de m'arranger pour qu'il ne soupçonnât pas que la question d'une alliance germano-turque eût jamais été examinée.

Je suis tenté de croire que le seul ambassadeur qui pût prétendre à une connaissance approfondie de la vie et de la politique orientales était le ministre de Hollande, le docteur van der Docs de Villebois, qui, grâce à son long séjour en Égypte avant sa nomination à Constantinople, avait acquis une expérience sans rivale, et qu'on pouvait lui envier, des mœurs, des usages et des intrigues de l'Orient.

CHAPITRE VIII

LE CHEIK-UL-ISLAM ET LE FANATISME RELIGIEUX

Contrairement à l'opinion admise, les Turcs, en général, ne sont pas fanatiques ; ils se montrent si tolérants en matière religieuse qu'ils pourraient être donnés en exemple à bien des chrétiens. Les légendes qui les représentent comme altérés du sang des infidèles sont des légendes et rien de plus. La dernière guerre qui mit aux prises la Turquie, la Serbie et la Bulgarie prouva avec évidence que, de part et d'autre, on se battait pour la suprématie politique et pas du tout pour la foi. Et quant aux atrocités commises pendant la lutte, elles le furent par tous les belligérants sans exception. Les Bulgares, par exemple, pillaient, détruisaient, brûlaient sans mesure ; ils tuaient tout sans distinction et étaient aussi féroces qu'impitoyables. Plus d'une fois les victimes qu'ils laissaient derrière eux, partout où ils passaient, étaient recueillies et soignées par les Turcs, que les Bulgares avaient essayé de représenter comme sans merci à l'égard des chrétiens.

Dans les conflits politiques, les Turcs ne demandent

qu'à vivre et laisser vivre, mais ils n'admettent pas qu'on porte atteinte aux traditions qui, dans le passé, ont fait leur grandeur. Ils croient qu'un jour viendra où le croissant se lèvera de nouveau triomphant dans les contrées sur lesquelles il a régné souverainement pendant des siècles et que le dernier jour de l'Islam n'est pas venu. Ils voient avec une indignation persistante la servitude à laquelle sont réduits les descendants du Prophète en Égypte, aux Indes, dans l'Asie centrale et dans les possessions de la France en Afrique. Ce sentiment est naturel ; ils se lamentent et pleurent sur la déchéance de leur race et de leur foi. Dans leur ferveur religieuse ils sont restés ce qu'ils ont été de tout temps ; ils sont toujours prêts à répondre à l'appel de ceux qui savent exploiter ce trait de leur caractère. La destinée de leur pays a pu, dans certaines circonstances, les laisser indifférents, tandis que le péril de l'Islam les trouvera toujours debout pour de grands sacrifices et des actes énergiques.

Dans ces derniers temps, et en particulier depuis l'élévation du sultan actuel, ces dispositions ont été surexcitées par l'influence du Cheik-Ul-Islam et des chefs des derviches tourneurs et hurleurs de Constantinople. Pour consolider la situation, Mehmed Rechad fut poussé à s'affirmer comme le protecteur de tous les Musulmans. L'empereur Guillaume, bien renseigné à cet égard, n'avait pas manqué d'affermir son influence en se servant de ce levier. A l'insu même de ses ambassadeurs, — car c'est seulement à la fin de son séjour à Constantinople que le baron von Marshall en fut informé — il était entré en relations directes avec le Cheik-Ul-Islam. Il était aussi en correspondance avec le Cheik des derviches hurleurs, personnage de haute autorité. Ce Cheik était un homme d'un âge déjà avancé, d'aspect vénérable, à qui l'austérité de sa vie avait valu une grande popularité parmi les classes pauvres de Constantinople. Sur un signe, des milliers d'hommes l'auraient suivi jusqu'au bout du monde. Un mot prononcé par lui suffisait pour provoquer ou éteindre une révolte et plus d'une fois son intervention avait sauvé Abdul Hamid de dangers qui ne l'avaient menacé que parce qu'il n'avait pas tenu suffisamment compte de l'importance de ce chef du parti religieux et l'avait blessé en plusieurs circonstances. Le Cheik était de caractère extrêmement vindicatif; il n'oubliait et ne pardonnait jamais une injure. Il avait eu l'occasion de demander à Abdul Hamid de prendre un de ses protégés comme aide de camp. Mais Abdul ne se souciait pas d'avoir près de sa personne quelqu'un appartenant à l'entourage immédiat d'un homme aussi puissant, et il rejeta la requête dans des termes d'une violence inutile. Ce fut assez pour lui faire, de cet auguste personnage, un ennemi; de ce jour le destin du Sultan fut scellé et sa déposition ne fut plus qu'une affaire de temps.

L'Empereur, qui avait été tenu au courant des plus

petits détails de cet incident, jugea l'occasion favorable pour intervenir. C'est alors seulement que le baron von Marshall reçut l'ordre d'aller en personne faire une visite au Cheik et de discuter avec lui certaines questions inquiétantes pour le Sultan. Le baron apprit ainsi que des travaux d'approche avaient été depuis longtemps commencés. Si clairvoyant qu'il fût, il n'en avait pas soupçonné le secret et il n'en saisit même pas tout de suite le but mystérieux. Mais quand il fut invité un peu plus tard à tâcher de se concilier l'amitié du khédive d'Égypte, qui avait l'habitude de passer une partie de l'été à Constantinople, il commença à comprendre ce qui se dissimulait derrière les assurances d'amitié que l'empereur allemand le chargeait de porter à ces personnages qu'il n'avait jamais vus mais dont il était si désireux de s'assurer le concours.

Une autre puissance était le Cheik-Ul-Islam. Essad Effendi, qui occupait alors cette haute situation, était d'un caractère dominateur et d'une haute intelligence; il avait un goût très vif pour l'intrigue et le désir d'être consulté sur toutes les questions politiques importantes intéressant l'avenir de son pays. Il se considérait comme un conducteur d'hommes, et il l'était, en effet, par la force du grand pouvoir religieux dont il était investi. Il aimait peu Abdul Hamid, plus à cause de la cruauté de ce despote que par antipathie personnelle, tandis qu'il avait toujours eu une certaine pitié pour le malheureux et persécuté Mehmed Rechad. Il n'est donc pas surprenant qu'il se soit associé avec empressement à la conspiration qui avait pour but de détrôner le sultan. Essad Effendi était populaire et avait peu d'ennemis. Son ambition était énorme et il ne faisait pas mystère de son désir d'être l'instrument d'une reconstitution de l'Islam sous le sceptre du Commandeur des croyants.

On ne sait pas, en général, que ce fut le Cheik-Ul-Islam qui fit des offres d'amitié à l'empereur allemand et que l'initiative d'ouvertures ne vint pas du kaiser. Il avait été très impressionné par la personnalité de Guillaume II et par la pompe qui avait entouré la fameuse visite à Abdul Hamid. Essad Effendi, qui n'était pas, à cette époque Cheik-Ul-Islam, se fit une grande idée de la puissance de ce nouvel ami de la Turquie. Il comprit qu'avec un peu de diplomatie il pourrait obtenir pour lui, en même temps que pour son pays, la promesse que ni lui-même ni la Turquie ne seraient abandonnés par le monarque protestant dont ils avaient été assez heureux pour s'assurer la protection.

Essad Effendi, depuis le début de la première guerre balkanique, avait constamment travaillé l'esprit du Sultan et fait ce qui était en son pouvoir pour amener Rechad à accepter l'idée de la croisade musulmane qu'il prêchait. Ce fut en partie par suite de son intervention que lorsque s'ouvrirent les hostilités entre l'Allemagne et la Russie, le gouvernement turc cessa de faire mystère de son inimitié à l'égard des Russes. Il joua de l'ambition latente de Mehmed Rechad et tâcha de lui inspirer le désir de délivrer ses frères persécutés et de se proclamer chef d'un vaste empire islamique qui comprendrait tous les musulmans du monde. Sous l'empire de cette grande idée, l'esprit du Mahdi égyptien commença à pénétrer l'âme d'Essad. Il vit en rêve le jour où il réussirait à restaurer en Égypte le régime ancien et, comme il avait, à un haut degré, l'esprit pratique, il se rendit compte en même temps de l'avantage qu'il y aurait à être maître du canal de Suez.

En conséquence, dès les premiers jours de la guerre, le Sultan, soutenu par les conseils du Cheik des derviches et d'Essad Effendi, se décida à profiter de l'occasion merveilleuse et inattendue qui s'offrait à lui; il proclama aussitôt la guerre sainte contre les Infidèles en faisant déployer l'étendard vert du Prophète, fait sans précédent dans l'histoire de la Turquie moderne.

L'appel fut entendu avec enthousiasme et de toutes les parties de l'Asie Mineure et du désert d'Arabie des hommes accoururent, impatients de rejoindre l'armée qui se réunissait pour combattre les chrétiens.

Guillaume II se réjouit de voir se réaliser ses espérances si ardemment caressées et de trouver la Turquie fidèle quand l'Italie l'abandonnait. Il savait qu'on avait soupçonné ses intrigues à Constantinople contre le tsar et l'influence russe et rien ne l'irritait comme d'entendre y faire allusion, parce qu'il tremblait toujours que l'exemple d'Abdul Hamid fût suivi par son successeur et qu'au moment critique celui-ci hésitât à lancer son pays dans une aussi grave aventure. Il dut donc avoir une satisfaction profonde quand enfin Mehmed Rechad résolut de lever la bannière sacrée de l'Islam contre l'orthodoxe Russie.

Combien est curieux ce jeu des événements qui nous vaut l'étrange spectacle de la Prusse protestante combattant avec l'Islam contre la France catholique, le Japon bouddhiste, la Russie orthodoxe grecque et la chrétienne Angleterre. Parmi les nombreuses choses extraordinaires de ce siècle de merveilles, c'est une des plus intéressantes et, peut-être aussi, un des présages les plus redoutables pour la paix future du monde.

CHAPITRE IX

LE KHÉDIVE ABBAS HILMI

Dans un précédent chapitre, j'ai fait en passant allusion aux relations du sultan Abdul Hamid avec le jeune khédive d'Égypte. Lors de mon premier voyage en Orient, j'eus l'occasion d'aller de Constantinople en Égypte et j'y vis beaucoup de choses à observer. J'ai su un des premiers que, dès que Guillaume II monta sur le trône, il s'efforça de gagner l'amitié de l'Égypte musulmane. Tewfik Pacha vivait encore, et il ne répondit pas aux avances de l'Allemagne avec autant d'empressement qu'on eût pu l'imaginer ou l'espérer. C'était un homme très fin en dépit de son apparente lourdeur et il était tout à fait convaincu que l'influence et l'appui de l'Angleterre étaient ce qu'il pouvait souhaiter de meilleur pour son pays et pour lui-même. Il se rendait compte que toute tentative pour contrecarrer le jeu de l'Angleterre pouvait avoir les plus fâcheuses conséquences. Il s'appliquait donc à être en parfait accord avec lord Cromer, qui exerçait à cette époque les délicates fonctions d'agent général de la Grande-Bretagne en Égypte.

Lord Cromer savait gré au khédive de sa déférence et en même temps comprenait fort bien le concours précieux que Tewfik Pacha pouvait lui donner contre les intrigues de ce qu'on appelait le parti français, qui avait alors l'ambition de mettre la haute main sur les questions intéressant l'administration intérieure de l'Égypte. Lord Cromer était en cela très avisé, car le parti français était secrètement soutenu par un personnage qui n'était rien moins que l'illustre Nubar Pacha, grand premier ministre pendant la plus grande partie du règne de Tewfik. Dans ces conditions, les coquetteries du jeune empereur allemand furent accueillies avec beaucoup de froideur, et, quand il fit faire une enquête auprès de quelques membres de l'administration égyptienne indigène pour savoir quel accueil il trouverait s'il faisait une visite au Caire, ce projet fut nettement désapprouvé.

Tewfik prit l'avis de lord Cromer, qui n'eut pas de peine à lui montrer que personne ne gagnerait rien à fournir aux ingénieurs allemands, qui ne manqueraient pas d'accompagner Guillaume II, le moyen d'examiner en détail toutes les améliorations projetées ou commencées par l'Angleterre pour faciliter le développement de l'agriculture dans le pays et les différentes mesures de sécurité prises pour la sauvegarde du canal de Suez. On fit donc comprendre à l'Empereur, avec toutes les formes de la politesse et du respect, que sa venue en Égypte ne paraissait pas opportune et on déclina l'honneur de sa visite avec beaucoup de remerciements.

Tout cela me fut expliqué avec une malice un peu narquoise par un effendi qui savait ma nationalité et voulut se donner le plaisir de jouir de ma déconfiture. Je me flatte d'avoir réussi à bien cacher mes impressions.

Cette confidence ne fut pas pour moi sans intérêt, car elle me permit de faire connaître à Berlin les préoccupations cachées qui avaient inspiré ce refus poli. On me dit plus tard que mon rapport n'avait pas plu à l'empereur Guillaume, qui avait été très mortifié de cet affront. Je me bornerais à le mentionner sous toutes réserves si je n'avais appris avec certitude que l'Empereur avait, depuis lors, voué à lord Cromer une véritable haine et que cette haine était telle qu'il a directement inspiré, et, dans une ou deux circonstances, corrigé de sa propre main, des articles de journaux dans lesquels le grand proconsul anglais était violemment diffamé.

En même temps que l'influence allemande pénétrait de plus en plus dans les cercles officiels turcs, des efforts furent faits pour obtenir la sympathie de tous ceux qui, en Égypte, voyaient avec déplaisir les progrès de l'action anglaise. Même dans l'entourage immédiat du khédive, on trouva des complices qui commencèrent à insinuer à Tewfik qu'après tout on ne lui laissait qu'une bien petite part dans le gouvernement de son pays. Ils ajoutaient que, s'il voulait simplement permettre à des amis de l'aider, il pourrait reprendre un beaucoup plus grand pouvoir et avoir une politique personnelle affranchie du contrôle de l'Angleterre.

Parmi ces auxiliaires était la comtesse S..., qui depuis près d'un demi-siècle était une des personnalités les plus importantes de la société du Caire. D'origine russe, mariée à un Italien, adroite et intrigante, elle s'était insinuée dans les bonnes grâces de la femme du Khédive, la Vice-Reine, et avait ainsi libre accès dans le harem khédivial. La comtesse était femme à subir toutes les influences pourvu que le stimulant fût palpable et, chose étrange, bien que sujette du Tsar par sa naissance, elle avait de fortes sympathies allemandes. Elle devint le plus ferme appui de la politique de l'Empereur allemand en Orient.

On peut se demander pendant combien de temps la comtesse aurait conservé la liberté de continuer ses intrigues, si elle n'avait découvert qu'un certain nombre de ceux dont le concours était nécessaire à son succès n'étaient pas disposés à se laisser tromper par ses sophismes ou tenter par ses promesses. Au premier rang de ses ennemis déclarés était une cousine du Khédive, la princesse Nazli, femme remarquable, encore charmante bien qu'ayant depuis longtemps dépassé la maturité, qui avait été un des premiers champions de l'émancipation des femmes.

Elle avait réussi en Égypte à briser en partie les entraves. Sauf la concession de porter un *yashmach* et un *feridgi* quand elle sortait, la princesse avait entièrement adopté les habitudes de vie des Européennes de haut rang, jusqu'à recevoir des visites d'hommes dans son palais sans avoir le visage voilé. Elle était dévouée à l'Angleterre et à tout ce qui était anglais et elle raffolait de lord et lady Cromer, qui étaient fréquemment les hôtes de son palais mauresque situé dans le vieux quartier du Caire. Elle avait l'habitude de les tenir au courant de toutes les intrigues constamment menées dans l'entourage du faible et bon Khédive.

Elle avait une assez grande influence sur son cousin, le Vice-Roi, qui, bien qu'ayant secrètement peur d'elle, lui reconnaissait cependant de grandes et indiscutables qualités. Son influence aurait-elle été durable? C'est là un problème qui reste insoluble, car Tewfik Pacha mourut subitement et sans qu'on eût pu le prévoir, laissant le trône à un enfant. Ce jeune homme avait été élevé dans l'atmosphère du harem de sa mère, sous la surveillance des amis de celle-ci; il était d'un caractère très indépendant, mais aussi dépourvu d'instruction que d'expérience.

Quand Abbas Hilmi devint khédive, il se proclama tout de suite le protecteur des droits et de l'indépendance de l'Égypte et ne fit pas secret de son antipathie pour tout ce qui était Anglais. Dès les tout premiers temps, il montra une déférence servile pour le Sultan. Il flatta Abdul Hamid et réussit à en obtenir les bonnes grâces. Ce n'était pas difficile, car le rusé Abdul vit tout de suite les services que pourrait lui rendre ce jeune entêté qui, du jour où il succéda à son père, s'appliqua à défier l'Angleterre. Malheureusement, pour mener cette lutte avec quelques chances de succès, il aurait fallu un homme autrement fort qu'Abbas Hilmi, qui finit par voir son orgueil humilié, d'abord par lord Cromer, puis par sir Eldon Gorst et enfin par le successeur de celui-ci, lord Kitchener. Du jour de la nomination de lord Kitchener, on vit le prestige d'Abbas Hilmi décroître d'heure en heure, jusqu'à ce qu'enfin il en vînt à être considéré, même par ses propres sujets, comme un automate.

Cette situation était, il faut le reconnaître, fâcheuse pour les intérêts allemands, mais ce serait manquer à la loyauté de l'historien que de supprimer des faits simplement parce qu'ils ont déplu à mes amis de la Wilhelmstrasse. La constatation de ces forces de résistance en Égypte ne fit, d'ailleurs, que rendre plus tenace le travail entrepris pour y fortifier l'influence allemande. Lorsque, quelques années après l'accession au trône d'Abbas Hilmi, le baron von Bieberstein fut nommé à Constantinople, il reçut l'ordre de nouer des relations intimes avec le Khédive. Abdul Hamid, après sa déposition, était, lui aussi, disposé à prendre Abbas sous sa protection. Quand il fut autorisé à rentrer à Constantinople, il l'aida dans une très large mesure, au moyen des ressources confiées à la garde de Guillaume II. Sans ce concours financier, l'extravagant Khédive aurait eu de gros embarras d'argent; car lord Kitchener opposait un refus inflexible chaque fois qu'on lui demandait une augmentation de la liste civile.

Abbas Hilmi ne pouvait manquer de comparer la manière d'être à son égard de l'Angleterre d'une part, et de la Turquie de l'autre. On lui faisait, en même temps, constamment comprendre qu'il avait en Allemagne un ami sympathique et que la bienveillance de l'empereur Guillaume II était pour beaucoup dans la générosité d'Abdul. A petits pas le Khédive fut mené sur le chemin du mécontentement jusqu'au point d'être convaincu qu'il ferait une chose légitime en livrant à la Wilhelmstrasse tous les plans de défense du Canal de Suez qu'à l'insu de lord Kitchener il s'était appropriés et avait mis en sûreté à Constantinople.

Ce haut fait diplomatique accompli, il devint possible à Berlin de manœuvrer pour étendre l'influence allemande parmi les serviteurs de l'Islam.

Quand éclata la guerre actuelle contre la Russie et ses alliés, je considérai comme une certitude que la Turquie lierait son sort à celui de l'Allemagne et que la question égyptienne allait se poser dans des conditions qui créeraient à l'Angleterre de grosses difficultés. Par suite de l'attention avec laquelle l'Allemagne avait étudié le problème du Canal de Suez, cette grande voie de communication avait été visitée minutieusement par d'innombrables agents allemands et il y avait toujours à Suez et à Port-Saïd des espions prêts à tout instant à jeter le masque.

Pour se conformer aux désirs de l'Empereur, les efforts secrets de la diplomatie allemande et des hommes d'État de Berlin se tendirent vers un but suprème : arracher à l'Angleterre la possession de l'Égypte qui lui donne un pouvoir de contrôle sur le Canal de Suez. A la Wilhelmstrasse, on était convaincu qu'une fois le Canal détruit — et j'ai de bonnes raisons de croire que, si on restait incertain sur la possibilité de le conquérir, la destruction au cas d'échec en avait été décidée — l'Angleterre se trouverait si complètement paralysée dans ses affaires et son commerce qu'il deviendrait relativement facile de l'annihiler ou tout au moins de la rendre incapable de résistance ou d'expansion pour un long avenir.

La seule difficulté que rencontrait ce plan était d'en faire accepter l'idée par Abbas Hilmi. Le jeune Khédive était très disposé à faire ce qu'il pourrait pour restreindre le pouvoir de l'Angleterre, mais il n'entendait pas du tout laisser son pays passer dans les mains d'une autre puissance ou abdiquer une parcelle de l'indépendance qu'il croyait pouvoir acquérir. Il n'arrivait pas à avoir une entière confiance dans la bonne foi de l'empereur Guillaume. Il ne se fiait pas davantage au sultan Mehmed Rechad, parce qu'il n'ignorait pas qu'il n'était qu'un instrument dont se servait Envèr Pacha et que celui-ci avait l'ardent désir d'être nommé khédive d'Égypte.

En même temps que je découvrais ces intrigues, je vis clairement que le jeune Khédive, qui s'était aliéné tous ses vrais amis et avait lié partie avec ceux qui ne lui montraient de la déférence qu'avec l'arrière-pensée de faire de lui leur instrument, était peu à peu arrivé à comprendre que le jour était proche où il tomberait entre deux selles, comme disent les Anglais. Le fait est que sa déposition parut devenir une nécessité, même aux yeux de ceux qui se servaient encore de lui. L'empereur allemand avait jugé le caractère peu sûr de son protégé et ne doutait pas qu'après avoir joué avec les Anglais et lord Kitchener un jeu déloyal, Abbas Hilmi ne serait pas plus sincère avec lui et ne tiendrait pas les engagements qu'il ne prenait que pour obtenir de l'argent. Le sultan Rechad était harassé de lui et avait été, aussi, mis en défiance à son égard. Abdul Hamid était las des incessantes demandes de subsides dont il était harcelé ; enfin Envèr Pacha le considérait comme le grand obstacle entre lui et la conquête de la haute situation qu'il convoitait.

Mon opinion personnelle sur la question du Canal de Suez est que ce ne serait pas du tout un avantage pour l'Allemagne de l'arracher à l'Angleterre et que les hauts personnages de Berlin sont aveuglés par des sentiments de cupidité et d'envie. Je suis convaincu au contraire que ce serait un malheur pour l'empereur allemand si le sort lui permettait un jour de mettre la main sur l'Égypte. Cela n'ajouterait rien à notre prospérité et à notre bonheur. D'abord ce serait une source continuelle de contestations et de soucis, parce que jamais l'Angleterre ne se résignerait à l'avoir perdue ; de plus, la France, elle aussi, trouverait, dans l'accaparement par l'Allemagne de la grande voie de communication mondiale, un prétexte à de nouvelles attaques contre nous ; la Russie et le Japon, intéressés au côté commercial de la question, insisteraient sans aucun doute pour une neutralisation. La logique conduit, d'une façon certaine, à prévoir toutes ces conséquences. En fin de compte, il pourrait arriver que la Turquie fît sauter le canal, ce qui résoudrait la question au grand dommage du monde entier.

L'Allemagne n'aurait, en s'obstinant dans ce dessein, que des mécomptes et, à mon sens, pourrait avoir à payer cher les égarements de sa diplomatie.

CHAPITRE XI

L'EMPEREUR GUILLAUME II ET LE TSAR

Ce que j'ai dit dans le chapitre précédent des projets caressés à Berlin pour conquérir la possession du canal de Suez me remet en mémoire l'étonnement dont furent saisis les quelques hommes d'État et diplomates officiels qui ont connu les suggestions secrètes faites à ce sujet par Guillaume II à Nicolas II. Naturellement, ce sont là choses difficilement accessibles même à ceux qui cherchent à tout savoir, mais bien peu de secrets d'État peuvent rester entièrement cachés aux agents confidentiels de l'Empire allemand. Cette négociation ultra-mystérieuse se fit par une correspondance personnelle ; cependant l'objet en fut connu dans les grandes lignes par un ou deux des conseillers en qui l'empereur Guillaume avait le plus confiance et qui essayèrent de toutes leurs forces d'en dissuader leur souverain entêté. On vit alors avec une certitude éclatante qu'il n'est pas d'homme inaccessible à l'appel de l'ambition et qu'un monarque se laisse malaisément arrêter par des considérations morales sur la route des expansions territoriales et des accroissements de puissance. Quand l'empereur Nicolas fit sa fameuse visite à Berlin, à l'occasion du mariage de la fille unique du kaiser avec le duc de Brunswick, il y fut reçu avec des égards et un enthousiasme extraordinaires; et la cour de Berlin essaya de lui persuader que sa présence, dans une occasion si solennelle, était beaucoup plus appréciée que celle du roi Georges et de sa gracieuse épouse qui étaient venus aussi.

En prenant congé de son illustre hôte, à la gare, l'Empereur lui serra la main avec tant d'effusion que le Tsar est vraiment excusable s'il a cru que, de ce jour, les maisons de Hohenzollern et Romanoff avaient retrouvé leur ancienne étroite amitié.

Quand les derniers invités eurent quitté Berlin et que la nouvelle mariée fut elle-même partie pour sa nouvelle résidence, le kaiser se reprit à porter son attention sur la politique étrangère.

Bien qu'il se fût montré fort prévenant pour le roi et la reine d'Angleterre, il s'était arrangé pour éviter toute conversation sérieuse avec Georges V qui, avec son grand bon sens et sa droite fermeté, n'avait jamais fait grand fond sur son cousin de Prusse. A ce moment la guerre balkanique, ou plus exactement la crise balkanique, avait atteint son point culminant. L'Autriche, qui, pour cette raison, s'était abstenue d'envoyer un représentant officiel aux fêtes du ma-.

riage à Berlin, priait son alliée l'Allemagne d'intervenir dans le sens de ses vues pour arriver à un règlement entre la Serbie et la Bulgarie. En Roumanie, le Roi, fidèle à la sage ligne de politique expectante qui lui avait toujours réussi, attendait un signe de Berlin pour apparaître en qualité de belligérant ou de médiateur, pendant qu'en Bulgarie Ferdinand ne faisait pas mystère de son intention d'obtenir tous les avantages possibles d'une situation qu'il avait tout fait pour rendre inextricable.

Telle était la situation dont je viens de parler lorsque se produisit l'épisode de la correspondance. L'heure ne paraissait pas propice à Guillaume pour penser à la guerre; il n'était pas encore suffisamment prêt. Mais la présence à Berlin de ses cousins d'Angleterre avait augmenté la profonde antipathie qu'il avait pour eux; la calme dignité du roi Georges et l'impression de sincérité qui se dégageait de sa personne avaient exaspéré l'Empereur. Nicolas II montre, au contraire, dans les solennités de cour, une certaine nervosité et l'empereur Guillaume imagina qu'un tempérament aussi agité devait déceler un caractère instable. Par suite, il pensa qu'il trouverait chez lui peu d'opposition au projet qu'il avait dans l'esprit et dont le succès devait, dans ses prévisions, amener l'humiliation et l'abaissement de l'Angleterre.

Quand le Tsar rentra à Tsarskoïé-Sélo, il se déclara enchanté de sa visite à Berlin. Il dit même au comte de Pourtalès, à cette époque ambassadeur d'Allemagne près de la cour de Russie, qu'il en avait été plus charmé encore qu'il ne s'y attendait et qu'il garderait toujours le souvenir reconnaissant de la bienveillance que lui avaient témoignée pendant son voyage, non seulement l'empereur Guillaume, mais aussi le peuple de Berlin. Le comte de Pourtalès transmit au kaiser les paroles de son impérial cousin et Guillaume II se décida alors à tenter la plus singulière démarche.

En juillet ou août de la même année 1913, un envoyé spécial apporta à Peterhof, où la famille impériale de Russie passait ses vacances d'été, une lettre autographe du souverain allemand adressée au Tsar. Elle était conçue dans les termes les plus amicaux et disait que, si on voulait maintenir la paix du monde, il était absolument nécessaire de mettre un terme à l'agitation qui renaissait sans cesse dans les Balkans et de mater l'ambition des petits États de la Péninsule, ambition qui, en Serbie et en Bulgarie, était en train de prendre les plus dangereuses proportions. La lettre accusait aussi l'Angleterre de se livrer à des intrigues. Cette nation, disait-elle, n'attend qu'une occasion pour annexer l'Égypte et fait tout ce qu'elle peut pour enserrer le Sultan dans un réseau de difficultés dont elle entend profiter pour lui enlever la souveraineté nominale qu'il a gardée sur ce pays. Et, faisant ainsi allusion incidemment à l'étroite amitié qui unissait le commandeur des Croyants et lui-même, l'Empereur allemand en venait à proposer une action commune dont le but serait de faire échec aux aspirations anglaises et en même temps de satisfaire le désir secrètement caressé depuis longtemps par la Russie, en lui faisant obtenir la possession du Bosphore et des Dardanelles, en échange d'un acquiescement purement passif à une attaque combinée des flottes allemande et turque contre l'Égypte. La conclusion de cette lettre mémorable était :

« La Russie n'aura pas accompli la mission que lui a confiée la Providence tant qu'elle ne sera pas devenue maîtresse absolue dans la mer Noire. Aussi longtemps que l'Angleterre aura voix au chapitre, elle contrecarrera cette ambition légitime par tous les moyens en son pouvoir. Elle s'est toujours posée en amie de la Turquie, mais elle ne la soutiendra qu'autant que celle-ci gardera une attitude d'hostilité contre la Russie. Autrement, avec une surprenante allégresse, elle la laissera à la merci des ennemis qui la guettent. L'Angleterre soutient le roi Ferdinand de Bulgarie et l'encourage dans son rêve de devenir un jour empereur d'Orient avec Byzance pour capitale. Que cela arrive, et l'heure de la Russie sera passée. Elle ne sera plus qu'une puissance de second ordre, asphyxiée dans son immensité et privée de ce qui est pour elle une question de vie ou de mort, l'accès du Sud par la mer. Elle se trouvera exposée aux entreprises de tous les aventuriers et aux plus grands périls de la part de ses voisins. Par contre, si la Russie voit son véritable intérêt et consent à entrer dans une entente avec le Sultan et à coopérer avec lui et l'Allemagne à une action tendant à neutraliser le canal de Suez et à le remettre aux mains d'une commission européenne chargée d'interdire qu'on en puisse faire une base militaire au profit de tout autre que l'armée turque, elle pourra obtenir la neutralisation des détroits pour toutes les puissances excepté pour elle.

« Quand ces résultats seront atteints, continuait ce document étonnant, Constantinople pourra rester la résidence du Sultan, mais sous un contrôle européen, la capitale de la Turquie étant transférée à Brousse, sur la rive asiatique des Dardanelles. Ainsi la Russie deviendrait maîtresse exclusive de la mer Noire et serait en mesure d'exercer une surveillance absolue sur la politique des États balkaniques. Elle pourrai annexer la Bulgarie et tenir la Serbie en tutelle. En même temps, l'Angleterre étant mise hors de cause, l'établissement d'une paix durable dans la Péninsule balkanique, à peu près impossible dans l'état actuel des choses, deviendrait aisément un fait accompli. »

Avant de se hasarder à faire cette prodigieuse proposition au Tsar, l'empereur Guillaume II avait soigneusement stipulé avec le Sultan que le canal de Suez, bien que placé sous le contrôle d'une soi-disant commission européenne, serait en réalité sous la main de l'Allemagne. La convention était même si précise que les plans de refortification du canal étaient déjà préparés par des officiers allemands et soumis, pour approbation de forme, au Sultan. Tout, dans cette conspiration, avait été minutieusement prévu; on n'avait oublié qu'une chose : c'est qu'il fallait compter avec l'honnêteté et la loyauté de Nicolas II.

Le souverain russe ne répondit pas tout de suite à cet incroyable message. Quand il le fit, après quelques jours, sa réponse révéla l'entière droiture de son caractère. Il remercia son impérial cousin de la communication qu'il lui avait faite et expliqua qu'il était lié par une entente ayant pour but le maintien de relations amicales entre les deux pays sur lesquels lui et le roi Georges régnaient. Nicolas II ajoutait qu'il avait la conviction absolue que jamais le gouvernement anglais ne manquerait aux engagements qu'il avait pris et qu'il ne pouvait, de son côté, n'y pas être fidèle. Il disait encore que, si la Russie pouvait avoir le désir d'être maîtresse des détroits, elle n'entendait pas les avoir en son pouvoir au prix d'une trahison. Au surplus, la Russie voulait la paix, et, si elle se laissait entraîner dans une aventure comme celle qui lui était proposée, elle ouvrirait la porte à toutes sortes de complications qui conduiraient sûrement à la guerre. Quant à la valeur du projet au point de vue du bénéfice qu'on en pouvait tirer, il n'arrivait pas, pour sa part, à bien comprendre en quoi la situation politique générale de l'Europe serait changée du fait que l'Angleterre serait chassée de l'Égypte. La Turquie n'était pas assez forte pour gouverner à elle seule ce pays et il serait difficile de le mettre sous la protection de quelque autre puissance sans provoquer toutes sortes de contestations et de conflits. Le danger de guerre, en conséquence, au lieu d'être diminué, deviendrait plus menaçant.

Il vaudrait beaucoup mieux, à ses yeux, insister collectivement auprès de la Turquie, aussi bien qu'auprès de la Serbie et de la Bulgarie, pour les amener à déposer les armes et à soumettre leurs différends à l'arbitrage d'une conférence. Il exprimait sa ferme espérance que les différents ambassadeurs à Londres seraient à la hauteur de cette tâche difficile et arriveraient à faire accepter une solution heureuse. La conclusion de la réponse du Tsar était que le programme esquissé par Guillaume II était tel qu'il serait indigne d'une puissance chrétienne de l'adopter et qu'il se considérerait comme déshonoré s'il prêtait la main à une pareille entreprise.

On peut imaginer le sentiment qu'éprouva Guillaume II en recevant cette réponse. Je sais qu'elle amena un changement d'orientation immédiat, car, peu de mois plus tard, je fus chargé de porter une autre lettre à feu l'archiduc François-Ferdinand. La communication qu'elle contenait était tout à fait anodine en apparence; elle annonçait simplement le projet d'une visite prochaine du kaiser. Je rapportai une cordiale invitation de l'archiduc et de la duchesse de Hohenberg et, à la date fixée — aux environs de mai 1914 — l'empereur allemand vint chez l'héritier du trône d'Autriche-Hongrie, au château de Konopicht en Bohême.

CHAPITRE XI

LE ROI CAROL DE ROUMANIE

Guillaume II avait une grande déférence pour le roi
Carol de Roumanie, qui avait été l'ami intime de son
père, l'empereur Frédéric. Le roi Carol passait pour
un des monarques les plus sages de l'Europe. Pendant
son long règne, il fut le modèle des souverains ; il réussit
à mener sa barque sans accident dans des eaux très
troublées et non seulement à garder sa couronne mais
à consolider fortement sa dynastie. Seul de tous les
souverains balkaniques, il se tint à l'écart des intrigues qui ont agité la Péninsule. Depuis la guerre
de 1877 contre la Turquie, il n'avait pas tiré l'épée
et avait réussi, dans une certaine mesure, à imposer la
paix à ses voisins lorsqu'ils avaient donné des inquiétudes et essayé de le mêler à leurs querelles. En 1913,
ce fut grâce à ses efforts et à sa ferme attitude vis-à-vis
de la Bulgarie, que le roi Ferdinand se résigna à
entendre raison et à accepter les conditions plutôt
dures du traité de Bucarest. Quand la Russie fut
sur le point d'intervenir dans le débat, ce fut aussi le

roi de Roumanie qui la mit en garde contre les graves conséquences d'un tel projet. Si on l'avait écouté, il est probable que la guerre qui a éclaté en juillet 1914 aurait pu être évitée ou au moins ajournée. Parmi les souverains et les hommes d'État modernes, la figure de Carol Ier apparaît comme une des plus remarquables. C'était un homme à principes, droit, honnête, vrai et sincère dans tout ce qu'il disait. Quand il accepta le trône de Roumanie, il était encore un jeune homme et personne ne croyait alors que son règne pût être de longue durée. Avant de se risquer dans l'aventure, il avait consulté le prince de Bismarck et lui avait demandé ce qu'il devait faire. Bismarck lui répondit qu'il pouvait essayer, que ce serait toujours pour lui un « souvenir intéressant ». Ce n'était pas très encourageant et bien des hommes plus expérimentés que ce jeune prince de la maison de Hohenzollern auraient pu hésiter devant les hasards d'une telle entreprise. Le roi Carol fut plus hardi. Il arriva à Bucarest simplement comme prince de Roumanie, vassal dépendant du Sultan, dont la suzeraineté sur la turbulente petite principauté n'était pas alors discutée.

C'était en 1866, juste avant la campagne victorieuse que la Prusse avait si habilement menée contre les forces de l'Autriche. La bataille de Sadowa eut lieu entre le jour de l'élection du prince Charles de Hohenzollern et celui de sa reconnaissance par les grandes puissances européennes. Il arriva dans son nouveau pays avec plus de résolution que d'ambition. Il n'entendait pas se laisser facilement chasser. Il avait plus de tact encore que de courage, plus de pénétration que d'agilité d'esprit et une grande force de volonté. Il s'était toujours intéressé très vivement au progrès de la science, des arts et de la littérature et avait fait une étude approfondie des questions sociales. Il fit, sans aucun doute, beaucoup pour améliorer et développer les ressources de sa patrie d'adoption.

Quand il mit le pied en Roumanie, il aperçut tout de suite le vaste horizon ouvert à son activité. Il devint le premier homme d'affaires de son nouveau *Father-land* et il n'est pour ainsi dire pas une entreprise commerciale qui se soit créée en Roumanie sans qu'il ait le doigt dans l'opération. Il spécula, construisit des chemins de fer, des usines; il devint actionnaire dans les sociétés industrielles de son nouveau pays; il encouragea aussi l'afflux des capitaux étrangers à Bucarest et donna à la richesse et la vie économique de la Roumanie un essor qui étonna les plus forts et les plus habiles financiers de l'Europe. Il laissa en mourant une fortune d'environ cinquante millions, d'après les renseignements officiels, en réalité beaucoup plus.

Le génie financier du roi Carol s'alliait à un goût très vif pour les merveilles qu'accumula autour de lui son amour épicurien des belles choses. Il dépensa sa fortune à satisfaire son culte de l'exquis et passa pour avoir des yeux plus que tendres pour son opulence croissante. Ceci explique peut-être pourquoi la politique de la Roumanie fut si constamment pacifique. Le Roi, très préoccupé du sort de sa fortune personnelle, ne craignait rien tant que de la compromettre. Il comprenait que même une guerre victorieuse, si elle n'était pas de courte durée, risquait au moins de retarder l'expansion commerciale du royaume qu'il gouvernait avec tant de tact et d'habileté. Il ne tenait pas aux lauriers militaires, étant trop sage pour n'en pas reconnaître la vanité. Si on lui avait offert la possession de Constantinople, avec le titre d'Empereur, il est probable qu'il aurait décliné cet honneur, mais en même temps il aurait fait tous ses efforts pour empêcher tout autre que le Sultan de l'obtenir. Quand son voisin de Sofia manifesta le désir soudain d'arracher Sainte-Sophie au Sultan, Carol, sans hésiter, non seulement refusa à Ferdinand son concours et son appui pour cette entreprise, mais déclara qu'il s'y opposerait par tous les moyens en son pouvoir. Il vit clairement que l'équilibre de la Péninsule balkanique serait troublé par l'agrandissement de l'une ou de l'autre des petites nationalités ses voisines, et sagement, avec son esprit avisé, entendit rester, tant qu'il vivrait, l'arbitre de la situation.

C'était une conduite honnête, si l'honnêteté consiste à tenir sa parole et à ne jamais, sous aucun prétexte, commettre une mauvaise action qui puisse être découverte. Cela n'empêchait pas le roi Carol d'être un homme pratique, détaché et désillusionné, qui se hâtait de rire de tout; voir le monde l'estimer à sa juste valeur et lui donner sa confiance, n'était pas le moindre de ses plaisirs.

Avec un caractère de ce genre, on pouvait être sûr qu'une aventure politique ou belliqueuse n'était pas à redouter; et, tant qu'a vécu le roi Carol, bien des hommes d'État ayant la responsabilité des affaires en Europe purent compter sur son assistance pour dénouer bien des difficultés. Guillaume II lui-même eut plus d'une fois recours à lui dans les embarras que, dans les premiers temps de son règne, il rencontra souvent sur sa route. Carol Ier l'écoutait toujours avec attention et réussissait en général à lui faire accepter de très bons conseils qui permettaient au Kaiser de réduire au minimum ou de neutraliser les effets fâcheux qui auraient pu facilement résulter de ses imprudences. Le Roi était d'une nature bienveillante, bien qu'il ne fût pas précisément ce qu'on appelle sympathique. Il y avait beaucoup trop de froideur dans ses manières et il était extrêmement caustique. Sa politesse paraissait quelquefois plus étudiée que réelle, bien que pourtant il fût exceptionnellement sincère, étant donnés le milieu et les habitudes dans lesquels il avait été élevé. Il avait le grand art de paraître s'intéresser à tout ce qu'on lui disait et cela lui valait une grande faveur aussi bien auprès des autres têtes couronnées d'Europe qu'auprès de ses propres sujets.

Quand il était à son château de Sinaïa, il permettait à tous, aux paysans, aux laboureurs, de l'approcher et de causer avec lui de leurs bêtes ou de leurs vins. Il était aussi à l'aise dans ce rôle de gentleman farmer que dans celui de grave souverain donnant une audience à tel ou tel ministre désireux de lui expliquer quelque question politique intéressante pour lui-même ou pour d'autres. Il avait une merveilleuse faculté d'adaptation, toujours satisfait dans quelque position qu'il se trouvât, jouissant de toutes les bonnes choses de ce monde. Il ne craignait pas la mort, convaincu qu'il aurait droit à une place d'honneur dans l'autre. Cette conviction agréable contribuait fortement à lui faire envisager avec sérénité la dissolution finale.

Dès les tout premiers jours de son arrivée à Bucarest, Carol eut dans la tête d'obtenir la couronne royale de Roumanie. Il est probable qu'il ne se serait pas joint à la Russie en 1877, quand elle attaqua la Turquie sous le prétexte de délivrer la Bulgarie du joug du sultan, s'il n'avait pas prévu que la transformation de la Roumanie en royaume indépendant serait la récompense certaine que son attitude lui donnerait le droit de demander. Il s'était, d'ailleurs, préparé à cette éventualité et avait apporté tous ses soins à l'organisation de son armée, dont le secours avait été pour le tsar d'une valeur appréciable. En vrai Hohenzollern, il avait dirigé ses efforts en vue de faire de la Roumanie la puissance militaire prépondérante dans la péninsule balkanique, et il y avait réussi.

Le prix qu'il attendait ne vint pas cependant aussi vite qu'il l'avait espéré, par suite de différentes circonstances au nombre desquelles il faut mettre l'opposition opiniâtre du prince de Bismarck. Il ne fut proclamé roi que quatre ans après la guerre de 1877, et après avoir dépensé des sommes considérables sur sa fortune personnelle pour obtenir les votes favorables dont il avait besoin. Il n'avait pas été aussi facile que l'avait cru Carol de faire de la Roumanie une monarchie. Bismarck était tout à fait hostile à cette idée ; il n'aimait pas Carol, peut-être parce qu'il se rendait compte qu'il était un des rares hommes qui ne le craignaient pas. Cela lui déplaisait souverainement. Il ne put jamais se résoudre à avoir des rapports cordiaux avec le nouveau roi de Roumanie. En agissant ainsi, il commit une de ses plus graves erreurs, parce que Carol Ier, appréciant la force de l'adversaire avec lequel il avait à compter, se hâta, après l'avènement de Guillaume II, d'encourager les révoltes du jeune empereur contre l'autorité du grand ministre qui avait été pendant si longtemps le seul maître responsable de la politique de la Prusse. Il vit donc avec sympathie le désir du kaiser de se débarrasser de Bismarck. On ne sait pas, en général, qu'avant de renvoyer l'illustre chancelier, le jeune empereur écrivit au roi de Roumanie pour lui demander ce qu'il devait faire, en se plaignant du caractère impérieux de Bismarck. Carol Ier, j'ai eu l'occasion de l'apprendre, répondit très diplomatiquement en ces termes à son impérial neveu : « Je ne puis pas vous donner de conseil sur la question dont vous me parlez ; c'est à vous seul qu'il appartient de prendre une décision ; personne autre ne peut intervenir, mais, si j'étais à votre place, je voudrais être toujours le maître dans ma maison. » Cette lettre scellait le destin du grand homme qui, par son habileté et son intelligence, avait fondé l'empire allemand.

Cet incident créa entre les deux souverains un lien secret très fort, et Guillaume, plus tard, aurait donné beaucoup pour que Carol l'eût oublié. Il s'était confié à celui-ci dans cette crise importante de sa vie, sous l'influence d'une de ces impulsions auxquelles il était si souvent sujet et qu'il regrettait invariablement. Le roi Carol, pourtant, était beaucoup trop adroit et circonspect pour montrer qu'il se souvenait de cette correspondance, mais il savait en même temps que Guillaume II ne l'oublierait jamais. Dès que surgissait une complication européenne, il intervenait en écrivant tout de suite amicalement à l'empereur et en lui faisant comprendre que, puisqu'une fois il lui avait demandé conseil dans une circonstance très importante, il serait toujours bienvenu à recommencer.

Cette attitude fut, pour la paix de l'Europe, très bienfaisante, parce que l'influence du roi — Guil-

laume II ne pouvait pas ne le pas comprendre —
était toujours excellente et que son tact contribuait
beaucoup à aplanir les difficultés internationales qui,
de temps à autre troublaient l'horizon politique. Le
souverain de Roumanie, il ne faut pas l'oublier, était
aussi un Hohenzollern et partageait l'esprit de caste
de cette maison à l'égard de son chef et de sa race ; sa
patrie était l Allemagne et la Roumanie n'était qu'un
accident dans sa vie. Dans les derniers temps, cependant, l'attitude inutilement agressive de l'Allemagne
n'eut pas son approbation et on le vit se rapprocher
de la Russie. Il avait fait de son mieux pour se tenir
en dehors des multiples complications dont il avait
été trop souvent environné. Peut-être avait-il travaillé
avec trop d'énergie dans ce sens, car ses efforts
avaient causé une certaine impatience à Guillaume II.
La confiance que le kaiser avait mise dans le roi Carol
avait eu, d'autre part, un effet malheureux en lui donnant la conviction qu'il aurait toujours quelqu'un
sous la main pour réparer ses erreurs. Aussi le souverain de Roumanie surveillait-il avec quelque angoisse
la carrière de son dangereux parent et il avait fini
par ne plus mettre le même zèle à le ramener dans la
bonne voie. Il était alarmé de la passion anti-anglaise
qui grandissait dans le cœur de Guillaume II. L'expérience politique et diplomatique de Carol Ier était trop
avisée pour ne pas lui montrer qu'une coalition de la
Russie, de la France et de l'Angleterre contre l'Alle-

magne pouvait avoir des conséquences désastreuses pour l'empire des Hohenzollern et il ne se souciait pas de voir leur dynastie renversée.

Ces considérations lui faisaient envisager avec malaise et appréhension la politique de provocation suivie par l'Allemagne et qu'elle avait imposée à son alliée l'Autriche-Hongrie. Le roi Carol n'avait jamais approuvé l'annexion de la Bosnie et de l'Herzégovine à l'empire des Habsbourgs, et avait chaudement admiré la sage conduite de la Russie au moment de cette affaire. La prudence du cabinet de Pétersbourg lui avait plu à ce point qu'il avait, avec discrétion mais sérieusement, commencé à admettre la possibilité d'un accord avec la Russie. Il trouva un collaborateur empressé dans le ministre de Russie à sa cour, un jeune diplomate d'une exceptionnelle habileté, M. Schébéko, qui avait tout de suite saisi l'immense intérêt qu'il y aurait à amener le cabinet de Bucarest à regarder avec faveur la politique et les plans de la Triple Entente. Dans son enthousiasme pour cette idée, M. Schébéko poussa, cependant, quelquefois le zèle un peu trop loin et cela provoqua, de temps en temps, une tension qui eût pu être évitée, si la Russie avait agi avec la même prudence que le roi Carol.

Quand le tsar conféra au souverain de Roumanie le titre de feld-maréchal de l'armée russe, on sentit qu'un grand pas avait été fait. La politique russe, dans les Balkans et partout ailleurs, avait ainsi gagné un auxi-

liaire important en la personne de l'habile et respecté
monarque. Lorsque, grâce à certaines interventions
féminines, la sympathie eut fait de tels progrès qu'on
commença à parler de la possibilité d'une alliance
entre les Romanoff et la dynastie roumaine, les différents cabinets européens jugèrent qu'il fallait surveiller avec une attention particulière ce qui se passait à Bucarest, alors surtout qu'on ne soupçonnait
pas que le roi Carol, bien qu'on le sût dans un état de
santé inquiétant, fût aussi dangereusement menacé
que l'ont prouvé les événements.

A ce moment précis, le roi de Roumanie jouissait de
la confiance et du respect de tous les souverains du
continent, de leurs ministres responsables et en même
temps du sultan et des différents partis politiques en
Turquie et dans les Balkans. Après la mort tragique
du roi Georges de Grèce, ce fut à son arbitrage qu'on
remit toutes les questions pendantes entre les États
balkaniques, et l'idée qu'il pourrait être disposé à
suivre les conseils de la Russie ne manqua pas de provoquer une émotion intense et une grave anxiété un
peu partout.

Les appréhensions étaient particulièrement vives à
Vienne. Le comte Berchtold fut si alarmé qu'il se
hasarda à demander au roi Carol si son amitié pour
l'Autriche s'était modifiée. Le roi répondit avec sa
prudence habituelle que ses efforts tendraient uniquement à rétablir et à maintenir la paix. Cette réponse

ne satisfit personne et, moins que tout autre, l'empereur Guillaume, à qui elle fut immédiatement rapportée.

C'est alors que commencèrent les intrigues allemandes en Roumanie. Guillaume II trouva une alliée imprévue dans une dame qui, étant en relations intimes avec l'impératrice de Russie et pouvant ainsi voir presque chaque jour la famille impériale, fut invitée à agir sur l'esprit de la fille aînée du tsar et à lui persuader qu'elle ferait beaucoup mieux de rester dans son pays que d'épouser l'héritier présomptif du trône de Roumanie. L'Allemagne chercha en même temps un autre terrain d'action en excitant les ambitions du roi Ferdinand de Bulgarie.

Le mariage de la duchesse de Brunswick eut lieu au cours de ces événements et c'est à cette occasion qu'entra dans l'esprit de Guillaume II la pensée de se tourner vers l'empereur de Russie et d'essayer de réaliser son rêve : arracher l'Égypte et le canal de Suez à la Grande-Bretagne. On connaît les détails de cette curieuse négociation.

Le roi Carol — qui fut alors consulté — vit tout de suite la parfaite insanité de ce grand projet et il répondit sans délai à son impérial parent qu'il ne fallait pas songer sérieusement à des choses aussi impossibles. Au printemps de 1914, il envoya son neveu et héritier à Pétersbourg, avec la reine et leur fils aîné. La visite n'aboutit pas au résultat espéré, la jeune grande-duchesse Olga n'ayant pas consenti à entrer dans la famille royale de Roumanie. L'empereur Guillaume se félicita d'avoir obtenu, au moins, un succès de ce côté; cela vint aux oreilles du roi Carol, qui en exprima son mécontentement dans les termes les moins voilés.

Ce fut dans ces conjonctures que je reçus l'ordre de repartir pour Bucarest avec une lettre de mon souverain adressée au roi de Roumanie. Cela me fournit l'occasion d'une conversation d'un intérêt exceptionnel que je rapporterai dans un prochain chapitre.

Mon voyage ne servit pas à grand'chose et, en tout cas, ne mit pas fin aux complications internationales qui semblèrent, au contraire, surgir ou s'aggraver partout.

Tous les efforts du roi de Roumanie, ses appels et ses conseils adressés à Vienne, aussi bien qu'à Pétersbourg, furent vains et ne réussirent même pas à retarder la crise. Quand l'empereur et l'impératrice de Russie firent leur fameuse visite à Constanza, au commencement de juin 1914, on crut à la conclusion d'une alliance russo-roumaine dirigée, sinon contre l'Autriche, du moins contre l'ambition toujours croissante du roi Ferdinand de Bulgarie. Cela aussi avorta. Carol Ier ne désirait pas se lier; il croyait instinctivement que sa neutralité serait plus utile à la cause de la paix. Il reçut ses hôtes russes avec la plus grande politesse, mais fit comprendre à M. Sazonof qu'il ne pouvait pas avoir avec lui de conversation sérieuse.

M. Sazonof n'avait pas assez d'autorité pour insister et obtenir la solution immédiate d'une question qui était pourtant d'une si vitale importance pour la politique future de la Russie dans les Balkans; et l'entrevue de Constanza finit en une déception.

Moins de deux mois plus tard, l'Allemagne et la Russie étaient en guerre. La conflagration, que le sage roi Carol avait travaillé toute sa vie à prévenir, éclata et, peu de temps après, le souverain de Roumanie, dont l'influence conciliatrice eût été d'une telle valeur au moment de la discussion des conditions de paix, mourut subitement, et avec lui disparut l'un des plus importants facteurs de la politique européenne.

CHAPITRE XII

Au cours de mes missions, j'avais fait un court séjour à Bucarest en 1882 et, quand j'y retournai, dans les premiers mois de 1914, je trouvai une ville tout à fait transformée. Elle avait perdu son aspect oriental et était devenue une capitale européenne. J'y vis de larges boulevards, de magnifiques boutiques et plus de music-halls que je n'en avais jamais comptés nulle part. En même temps, Bucarest avait un air de prospérité exceptionnelle. J'écrivis de suite à l'aide de camp du roi Carol, pour solliciter la faveur d'une audience de Sa Majesté, ajoutant que j'étais arrivé le matin même de Berlin. La réponse m'apprit que le Roi était à son château de Sinaïa dans les Carpathes, mais qu'il allait être avisé de suite de ma venue. On me disait aussi que le prince héritier et la princesse Ferdinand étaient là et seraient heureux de me voir. C'était un ordre auquel je me hâtai d'obéir.

Je trouvai, dans l'héritier présomptif, un homme extrèmement bien, aimable, de manières agréables, de

très bonne tenue et dont la conversation était intéressante. Il paraissait avoir de fortes idées personnelles
sur toutes choses, mais mettait beaucoup de réserve à
les exprimer, si on ne l'y poussait pas.

Nous parlâmes de Berlin où il avait passé quelques
années de sa jeunesse; de Londres, qu'il me déclara
aimer beaucoup, et de l'Angleterre. Il admirait infiniment le système anglais de gouvernement, mais déclarait en même temps en toute franchise qu'il ne
pourrait être appliqué nulle part ailleurs. J'essayai
d'obtenir du Prince ses impressions sur son récent
voyage en Russie, mais il détourna adroitement la
conversation. Il me parut avoir un remarquable empire sur lui-même et assez de présence d'esprit pour
être capable de se tirer sans accroc des situations difficiles ou embarrassantes.

Il ne semblait pas du tout fatigué de sa situation
d'héritier du trône, et je crois même qu'il était plutôt
inquiet à la pensée de ses responsabilités futures, —
état d'esprit qu'on observe rarement chez les futurs
souverains. — D'autre part, il montrait une grande
affection pour son oncle, dont la santé lui donnait une
sincère inquiétude.

Je fis allusion à la récente guerre balkanique, et il
me dit que l'armée roumaine avait été sur le point
d'entrer en campagne, mais que ce malheur avait été
épargné au pays par la sagesse du Roi. Il me laissa
l'impression d'un homme très sympathique, ayant

pleine conscience des devoirs qui l'attendaient, et fortement préoccupé de les bien remplir. Il me parut même qu'il était trop sérieux pour un homme relativement si jeune et je ne pus m'empêcher de le lui dire. Il me répondit en riant que, quand on est assez âgé pour être grand-père et qu'on a des fils et des filles déjà grands, il est temps d'être sérieux.

La princesse héritière, sans être un type de beauté régulière, était jolie et séduisante. Très élégante dans sa tenue et son port, elle avait un air de reine qui lui donnait beaucoup de dignité, sans morgue, ni hauteur. On voyait tout de suite qu'elle avait le sentiment de son haut rang, mais qu'elle n'en était pas vaine. Sa conversation était brillante et elle abordait presque tous les sujets d'intérêt général. Elle avait une façon de s'exprimer très piquante et on remarquait qu'elle était sensible à l'admiration. Elle ne parlait certainement pas de ses enfants avec une aussi ardente affection que son mari, mais on voyait, dans la flamme de ses yeux, qu'elle était une épouse aussi tendre que dévouée. Il y avait en elle un air bien anglais, d'ailleurs fort agréable, mais qui expliquait pourquoi l'empereur Guillaume avait, en parlant d'elle, surtout dans ces derniers temps, un ton qui révélait une hostilité latente. En un mot, c'était une personne charmante, ayant assez d'attrait féminin pour séduire ceux qui l'approchaient.

J'eus aussi l'occasion de causer avec le Premier mi-

nistre, qui avait en même temps le portefeuille des
Affaires étrangères. M. T. Majoresco avait présidé la
Conférence qui imposa le traité de Bucarest et mit
ainsi un terme, au moins pour quelque temps, aux
troubles balkaniques. Il est, je crois, le ministre le
plus capable de Roumanie; c'est en même temps un
homme d'agréable compagnie, doué d'infiniment de
tact et ayant un sens politique très sûr. Le Roi l'appré-
ciait comme il méritait de l'être, mais, m'a-t-il semblé,
n'avait pas toujours une entière confiance en lui. Il ne
faut pas voir dans cette observation une intention de
dénigrement; le roi Carol, si je ne me trompe, ne se
fiait à personne. Très peu de gens connaissaient ses
sympathies et ses antipathies, ses opinions intimes et
ses vues. M. Majoresco examina avec moi la situation
politique et je fus très surpris de constater qu'il regardait l'avenir avec beaucoup d'appréhension; l'Allemagne surtout l'inquiétait. Il était visible qu'il ne se
souciait pas de dire tout ce qu'il pensait à ce sujet,
surtout avec quelqu'un en qui il voyait l'homme de
confiance des hauts personnages de Berlin; mais on
pouvait se rendre compte qu'il savait beaucoup plus
de choses qu'il n'en disait. Il était ardemment patriote, mais il était, non moins évidemment, un
homme d'État ambitieux qui calculait dans son esprit
les honneurs personnels qu'il pourrait tirer d'un ma-
niement habile des affaires de son pays à cette heure
critique. En résumé je le jugeai comme un homme

ayant une forte personnalité, sans rien de bismarckien dans sa manière de concevoir la politique. Il n'aurait jamais marché sur les cadavres de ses convictions.

Je ne restai que deux jours à Bucarest. Je les employai à essayer de me rendre compte des sentiments des Roumains et de deviner quelle serait leur attitude, au cas d'une conflagration européenne. Mon impression fut que cette attitude dépendrait du Roi qui représentait, à lui tout seul, l'opinion publique en Roumanie.

J'aurais aimé faire un plus long séjour dans la capitale roumaine, et j'eus quelque regret quand je reçus un message du Roi me priant de venir de suite à son château de Sinaïa, dans les Carpathes. Le roi Carol passait, en général, l'été dans cette délicieuse résidence qu'il avait fait construire pour lui, et embellir avec un goût délicat. Quand j'y arrivai, je fus reçu par la Reine, la célèbre Carmen Sylva, qui me souhaita la bienvenue avec ce charme dont elle a le secret et qui fait d'elle une personnalité si remarquablement attirante. Elle m'expliqua que le Roi n'était pas en ce moment au château.

La reine Élisabeth de Roumanie, bien qu'elle soit une vieille femme, et malgré beaucoup de soucis et de chagrins, a gardé le sourire et les yeux délicieux qui ont fait jadis de la princesse Élisabeth de Wied une si séduisante jeune fille. Ses grands mérites intellectuels n'ont jamais été discutés; ses excentricités lui ont valu une petite teinte de ridicule et, de l'avis unanime, elle est considérée comme l'une des femmes les plus versatiles de son temps. En Roumanie, son œuvre dans le domaine de la charité et de l'éducation a été aussi considérable que celle du Roi dans celui de la politique et du développement de la prospérité matérielle du pays. Elle est universellement aimée et on lui pardonne volontiers les égarements de son imagination artistique. Sa nature exceptionnelle lui inspira d'étranges fantaisies, comme celle d'apparaître un jour, à une fête qu'elle donnait dans son palais de Bucarest, costumée en bergère Watteau, avec les cheveux poudrés et une jupe rose courte, tenant avec un ruban également rose un mouton blanc, qui, excité par la nouveauté de la situation, fut pris de folie dans la salle de bal. Il faut dire que l'équilibre mental de la Reine a été troublé par la mort de son unique enfant et qu'elle fut des années avant de l'avoir pleinement recouvré. Sa douleur ouvrit son cœur à toutes les tristesses et à tous les malheurs. Le bien qu'elle a fait a été immense. On eût difficilement trouvé une âme plus haute, plus noble que celle de la Reine; malheureusement, elle condescendait rarement à regarder les choses d'un point de vue terrestre. Quand elle était en train de composer un poème ou quelque belle rêverie musicale, qui absorbait alors toutes ses facultés intellectuelles, elle était transportée tout entière dans des régions si hautes qu'il était impossible, à quiconque n'était pas doué comme elle, de la suivre. Si on la regardait dans ses vêtements blancs flottants, avec la coiffure pittoresque des paysannes roumaines, dans le demi-jour dans lequel elle aimait à vivre, elle apparaissait comme une fantastique et bonne fée, trop belle pour être réelle, trop éthérée pour être humaine. On se rendait parfaitement compte que le Roi l'admirait comme quelque chose de trop sacré pour le profaner par une pensée ou une caresse, mais on pouvait aussi facilement imaginer que sa nature fortement pratique aurait préféré, pour son bonheur, une femme sympathisant mieux avec ses goûts et ses travaux et qui aurait un peu plus partagé ses ambitions.

Je fus invité à dîner avec le couple royal, et le Roi m'accueillit avec une parfaite cordialité. Il était rentré au château juste avant le repas et tant qu'on fut à table la conversation resta tout à fait banale, ne portant que sur les choses du jour ; mais, après le dîner, le souverain m'invita à le suivre dans son cabinet et, m'ayant prié de m'asseoir, se mit tout de suite à me parler de Berlin et de l'Empereur. Pour des raisons qu'on comprendra, il m'est impossible de dire quoi que ce soit de l'objet d'importance capitale de l'interview dont j'avais pour instruction de rapporter une analyse fidèle à Berlin. Guillaume II désirait connaître l'avis du roi Carol : « Sage désir, dit un peu aigrement celui-ci. Il m'est difficile, continua-t-il, de lui donner le conseil qu'il demande. Il s'est toujours déclaré le champion de la paix en Europe ; il l'a proclamé sans cesse, et, tout à coup, le voilà saisi d'un désir forcené de troubler cette paix, et cela, parce qu'il a peur d'un jeune homme qu'il lui serait facile de réduire à une complète impuissance, s'il le voulait bien. Vous ne me comprenez peut-être pas; je vais m'expliquer. Ce n'est pas, je pense, un secret pour vous que les relations de l'Empereur avec le Kronprinz sont rien moins que cordiales. L'héritier du trône est en train d'ourdir les plus dangereux desseins contre son père; il a réussi à se faire une énorme popularité et à rallier autour de lui un parti considérable, tout à fait capable, sous certaines inspirations, d'aller jusqu'à conspirer contre le souverain qu'il accuse de lâcheté envers la Russie. Ce sont les gens de ce parti qui ont complètement affolé l'Empereur en lui faisant craindre qu'il puisse, à un moment donné, être renversé et remplacé par son fils, dans lequel le parti militaire prussien voit son futur vengeur et son héros. Votre empereur craint ce parti d'opposition plus qu'il ne se soucie de le dire. S'il était sensé, il dédaignerait une campagne qui est vouée à un échec certain si elle est laissée à elle-même, mais il refuse d'admettre que la moitié des attaques dirigées contre sa personne dans la presse française et russe, sont inspirées, et dans certains cas payées, par les partisans de son propre fils à Berlin. »

Je restai court devant cette étrange déclaration, qui me prit au dépourvu, et en conséquence j'attendis ce qu'allait ajouter le Roi. Carol se dirigea vers la fenêtre et resta un instant debout à regarder le magnifique paysage avec les Carpathes comme fond de décor, paraissant absorbé dans de profondes pensées. Puis il se retourna et, regagnant son siège, reprit sur un ton de voix plus bas :

« Il est imprudent pour un étranger d'intervenir dans les questions de famille. Je ne puis pas, ou plutôt je ne dois pas exposer la Roumanie à être mêlée à des affaires aussi délicates. Elle pourrait avoir plus tard à le payer trop cher. Je puis seulement, en mon nom personnel, vous dire ceci : mon avis est que l'Empereur devrait reprendre sa ligne de conduite ancienne, qui a si bien réussi dans le passé, et que ses appréhensions quant aux desseins agressifs de la Russie et de l'Angleterre sont entièrement dénuées de fondement. Si Guillaume avait un peu de patience, il verrait que je suis dans la vérité. Je ne me prêterai certainement pas à aider l'Empereur dans ses projets contre l'Angleterre. Je les désapprouve complètement et, bien plus, je suis convaincu qu'une tentative dans ce sens finirait par un désastre. Un souverain doit regarder les choses objectivement et non à la lumière de ses passions. »

— « C'est ce que Votre Majesté a toujours fait », remarquai-je; puis je me hasardai à ajouter : « Mais Votre Majesté croit-elle réellement que l'Empereur a le sentiment de jalousie qu'Elle lui prête? »

— « Si je le crois? J'en suis sûr, s'écria le roi avec plus de chaleur qu'il n'en avait montré jusque-là. Je le sais mieux encore que s'il m'avait dit lui-même quelque chose à ce sujet. Il a une nature essentiellement envieuse. D'autre part, le fils hait le père qui peut lui donner un ordre, le faire arrêter s'il lui plaît et qui seul ne voit pas en lui le Kronprinz, mais simplement un enfant méchant qu'il punit pour la faute la plus légère contre la discipline établie dans sa maison. La jalousie de l'un contre l'autre a toujours été un des traits dominants du caractère des Hohenzollern.

« Regardez ce qui se passe à la lumière de ce que je viens de vous dire. Surveillez les événements et tirez ensuite votre propre conclusion. Retournez à Berlin, me dit le Roi après une pause, dites à votre empereur que le seul conseil que son vieux parent peut lui donner est de prendre une potion calmante et de se mettre au lit après l'avoir prise. La nuit, dit-on, porte conseil, et ce qu'il peut faire de mieux c'est de tâcher de ne pas trop penser aux mauvais desseins de son fils. Les ambitions de ce garçon ne sont certainement pas plus coupables que celles qu'il a caressées lui-même pendant le court règne de son père. L'histoire se répète : que Guillaume sonde le fond de son cœur, et qu'il se souvienne qu'aussi longtemps qu'il restera le maître, rien de fâcheux ne peut résulter du militarisme sauvage de son fils. »

Je n'ai jamais, depuis, revu le roi Carol.

CHAPITRE XIII

L'EMPEREUR ALLEMAND A KONOPICHT

Peu de temps après mon retour de Bucarest à Berlin, j'appris que Guillaume II allait rendre visite à l'héritier présomptif d'Autriche-Hongrie, François-Ferdinand, dans son château de Konopicht, en Bohême.

Il n'y avait pas une grande tendresse entre François-Joseph et son héritier présomptif, dont le caractère dominateur avait plus d'une fois porté sur les nerfs de son oncle. François-Ferdinand était un caractère entier qui ne pouvait pas supporter la contradiction. Il était complètement sous l'influence de la duchesse de Hohenberg, son épouse morganatique, et des jésuites par qui le mariage avait été rendu possible. Ses tendances étaient franchement cléricales et les libéraux regardaient l'avenir avec appréhension, convaincus que François-Ferdinand, à l'instigation du parti ultramontain, adopterait une politique agressive à l'égard de la Russie, la seule rivale sérieuse de ses ambitions dans la péninsule balkanique. Sa grande amitié pour le roi Ferdinand de Bulgarie avait pro-

voqué aussi des inquiétudes sur ses intentions futures ;
il passait pour favoriser les vues du parti militaire
d'Autriche et celles des hommes d'État partisans d'une
intervention dans les affaires intérieures de la Bulgarie
aussi bien que de la Serbie.

L'archiduc avait été aussi soupçonné jadis de pactiser avec le feu roi Milan de Serbie au détriment de
la dynastie des Karageorgevitch. Quand eut lieu le
meurtre brutal du roi Alexandre et de la reine Draga,
l'héritier d'Autriche avait, dit-on, insisté auprès de son
oncle sur la nécessité d'une action armée en Serbie,
dont le résultat final eût été l'occupation définitive de
la Serbie par les armées de l'empereur François-
Joseph. L'idée avait été examinée avec une certaine
faveur par les hautes têtes de la Ball-Platz et aurait été
sans doute mise à exécution sans l'opposition de l'empereur allemand.

Cette intervention du kaiser avait irrité profondément l'archiduc, et, pendant quelque temps, les relations avaient été froides, sinon complètement rompues.
Plus tard, cependant, elles s'améliorèrent, grâce surtout à l'influence de la duchesse de Hohenberg, qui,
en dehors même de toute considération de sympathie
personnelle, s'efforçait de se faire des amis de ceux
dans lesquels elle croyait pouvoir trouver un appui.
La duchesse, qui était certainement une des femmes
les plus remarquables de sa génération, avait à la
cour de Vienne une situation fausse. Elle était la fille

d'un noble de Bohême de haute naissance, mais, son père ayant peu de fortune, elle avait été prise comme dame d'honneur par l'archiduchesse Isabelle, la femme de l'archiduc Frédéric, plus par bonté que pour son rang. L'archiduc François-Ferdinand avait été frappé de sa rare intelligence et séduit par sa brillante conversation. Sa tante s'aperçut du goût qu'il avait pour sa dame d'honneur, et renvoya celle-ci de sa maison. La duchesse avait toujours été une fille dévote de l'Église catholique romaine; les Jésuites, en conséquence, pour des motifs qui pourraient bien n'avoir pas été désintéressés, employèrent les plus habiles manœuvres afin d'amener le jeune archiduc à en faire sa femme. Ils réussirent. Le mariage fut célébré au château de Reischstadt, en Bohême. Les incidents de la vie privée de François-Ferdinand et de son épouse morganatique sont sans intérêt pour le lecteur, jusqu'au jour où, assez longtemps après son mariage, la duchesse remarqua que les relations de son mari avec l'empereur Guillaume avaient perdu de leur ancienne cordialité. Elle s'appliqua à les rétablir et à se faire personnellement un ami du souverain allemand, pensant qu'une telle protection pourrait l'aider puissamment à triompher des difficultés qu'elle pressentait pour elle, au moment où son mari deviendrait empereur. Guillaume II, de son côté, fut heureux de trouver une alliée dans la femme de François-Ferdinand, et il invita le couple à Potsdam, où il reçut la duchesse avec les mêmes honneurs que si elle eût été de sang royal. Il eut de longues conversations avec elle, et lui donna à entendre que non seulement il la considérerait toujours comme une égale, mais aussi comme une amie de bon conseil, lorsqu'il aurait à traiter des questions intéressant l'Autriche et l'Allemagne.

Cependant, quand se produisirent les complications balkaniques, les relations personnelles de l'Empereur et de son ami furent de nouveau troublées. Guillaume II déclara qu'il ne pouvait approuver l'intervention de l'Autriche en faveur de la Bulgarie. Il ne désirait pas alors paraître trop bien disposé à l'égard du roi Ferdinand. D'autre part, c'est à ce moment que Guillaume II pensa sérieusement à son grand projet d'enlever le canal de Suez à l'Angleterre. Il n'était pas de bonne politique d'avoir l'air de s'intéresser aux aspirations du tsar de Bulgarie. Il dut, par suite, être très prudent dans ses rapports avec l'archiduc, et il essaya de le convaincre qu'il n'était pas opportun de provoquer un conflit entre l'Autriche et la Serbie, pour la cause de la Bosnie et de l'Herzégovine ou même de la Turquie.

La duchesse de Hohenberg entra avec empressement dans les vues de Guillaume II et agit sur François-Ferdinand pour l'amener à penser que son intérêt personnel, plus encore que celui de son pays, exigeait qu'il fit prévaloir une politique pacifique dans les conseils du cabinet de Vienne. Une visite que fit le couple au roi et à la reine d'Angleterre au château de Windsor, pendant laquelle la duchesse fut traitée avec une extrême courtoisie, sinon avec l'effusion et les égards exceptionnels qu'elle avait trouvés à Potsdam, la confirma dans l'idée que la meilleure politique à adopter pour le futur souverain d'Autriche était une politique d'attente laissant les événements suivre leur cours normal.

Le résultat de ma visite à Bucarest — le lecteur le sait — avait été un refus catégorique d'adhérer aux projets indiqués dans la lettre de Guillaume II, que j'apportais au roi Carol. Ce refus, dont on eut vent, ne modéra pas l'ardeur de l'Empereur, mais l'amena seulement à se tourner du côté de l'archiduc François-Ferdinand.

La tâche entreprise par Guillaume II était difficile et hérissée de complications, mais pas au-dessus de ses facultés d'évolution. Sans doute, il avait découragé peu de temps avant les désirs d'action de l'archiduc et maintenant il lui fallait entreprendre de le stimuler pour le faire agir. Dans ma pensée, c'est dans ce but qu'il s'était invité à Konopicht et avait prodigué les flatteries à la duchesse de Hohenberg.

Il passa trois jours avec François-Ferdinand et employa toute son éloquence à le persuader que la Russie se proposait d'intervenir en faveur de la Serbie et de l'aider à conquérir les deux provinces de Bosnie et d'Herzégovine. Leur annexion à l'Autriche avait toujours été une épine dans le flanc de la Serbie. Ni l'archiduc, ni le comte Berchtold, qui avait été mandé pour rencontrer Guillaume II, n'entrèrent dans les idées qu'il leur exposa. Le secrétaire des Affaires étrangères d'Autriche ne se souciait pas de provoquer un orage, dont il voyait la gravité, et l'archiduc craignait qu'une guerre n'apportât une déception aux ambitions de l'Autriche. A la suite de cette visite, d'après ce qu'on me dit presque aussitôt après, l'archiduc avait commencé à sentir l'autorité que Guillaume II entendait prendre sur lui. De plus, sa visite en Angleterre l'avait convaincu que l'Angleterre travaillait à enrayer les tendances belliqueuses.

Il était donc difficile, pour l'empereur Guillaume, de faire admettre par son ami que l'existence de la civilisation allemande, pour prendre la propre expression du kaiser, fût vraiment, à ce moment, menacée. Guillaume II entreprit alors la duchesse de Hohenberg, mais il la trouva plus opposée encore que son mari à une politique agressive. Elle déclara nettement à l'Empereur que l'archiduc ne pouvait songer à assombrir les quelques années, ou peut-être même les quelques mois que son oncle avait encore à vivre, par les horreurs d'une guerre européenne. Guillaume II fut fort irrité, et quitta la duchesse sans un mot.

La dernière journée du séjour de l'Empereur dans ce vieux château de Bohême fut, on s'en doute, peu agréable. Une réserve renfrognée avait remplacé l'échange de politesses aimables et le ton de familiarité qui avaient marqué le début de la visite. Quelques heures avant les adieux, l'Empereur essaya de pénétrer les intentions de l'archiduc; mais François-Ferdinand était de mauvaise humeur et il répondit brutalement qu'il ne tirerait très certainement pas les marrons du feu pour un autre. On se sépara en colère et l'Empereur dit à l'aide de camp qui l'avait accompagné à Konopicht que l'archiduc n'entendrait jamais raison et avait les yeux fermés à ses véritables intérêts.

Malgré sa gaucherie un peu massive, François-Ferdinand n'avait pas manqué, au contraire, de clairvoyance.

Un mois à peine après la visite de l'empereur allemand au noble château historique caché dans les roses qui faisaient de ses jardins une merveille, à Serajevo, un meurtrier braquait un pistolet et, de deux coups, tranchait deux existences. Ses deux balles firent plus — elles levèrent le rideau sur une tragédie comme le monde n'en avait encore jamais vu.

CHAPITRE XIV

Le titre que j'ai donné à ce chapitre n'est peut-être pas tout à fait exact, car le début de ce que je vais raconter se place vers 1870 et le développement s'en poursuit dans les dix années qui ont suivi 1890. Mais la période de 1880 à 1890 fut particulièrement grosse d'événements dans la vie de la famille royale de Serbie et pleine de présages sinistres pour les destinées de l'Europe. L'assassinat de François-Ferdinand a été un réflexe lointain de ces événements, et c'est pourquoi il est nécessaire de jeter un regard sur le passé orageux de la dynastie des Obrenovitch.

En ce temps, la Serbie était encore ce qu'elle avait été pendant des siècles, un pays révolutionnaire à demi sauvage et où s'étalait un mépris complet des lois de l'humanité.

Les hommes politiques d'alors étaient, aussi, inspirés par un perpétuel opportunisme mêlé d'un égoïsme confinant à la démence, tant il se manifestait ingénument sans le moindre effort pour se déguiser.

La dynastie des Karageorgevitch avait remplacé celle des Obrenovitch. Rayé du monde serait peut-être l'expression plus exacte. Le père du dernier Obrenovitch était le roi Milan; il était doué d'une intelligence et d'une faculté d'assimilation remarquables, mais corrompu par des habitudes de rouerie orientale et la rage des plaisirs matériels. Il fut longtemps populaire dans son pays et eût probablement réussi à garder l'affection de son peuple sans ses querelles domestiques avec sa femme et les scènes honteuses qui en résultaient. Il avait parfaitement compris le caractère de ses sujets; il savait quand il fallait flatter et aussi quand le moment psychologique était venu d'écraser ses nombreux ennemis. Mais c'était un homme sans l'ombre d'un principe. Après avoir semblé favorable aux intérêts russes, il se tourna tout à coup contre la Russie, et mit toute son énergie à étendre l'influence autrichienne en Serbie.

Le motif de cette volte-face soudaine fut son antipathie pour la reine Nathalie, qui était Russe. Cela suffit pour qu'il se mît en opposition déclarée contre la Russie. Il l'accusa de sacrifier les intérêts de la Serbie. L'accusation était-elle fondée? Je ne puis le dire, mais il paraît certain que Nathalie, dans les crises continuelles de sa vie tourmentée, fit appel à la Russie et chercha à fortifier l'influence russe sur son peuple. Elle pensait qu'elle aurait ainsi une protection contre les dispositions haineuses de son mari et la tentation qu'il pourrait avoir de se débarrasser sommairement d'elle, ce qu'elle redoutait sans cesse. Plus avisée, elle se serait très vite aperçue de son erreur. Milan l'avait beaucoup aimée, et, s'il faut croire ceux qui ont connu les secrets de l'alcôve royale, avait ressenti très vivement l'affront qu'elle lui avait fait en recevant fort mal ou plutôt en rebutant son affection. Belle comme elle l'était, elle n'avait pas l'idée du pouvoir que lui donnait sa beauté, ni de la force qu'elle en aurait pu tirer, si elle avait su s'en servir. Elle était extrêmement vaine et aussi profondément égoïste que le Roi. Elle aimait l'intrigue et n'avait d'attentions que pour ceux qui la flattaient. Il y eut un moment où elle espéra renverser le Roi et se faire proclamer régente du royaume pendant la minorité de son fils. Son mari le sut, s'en fit une arme contre elle et affirma que la Russie était derrière ce complot.

Y eut-il ou non réellement complot, il est difficile de le dire aujourd'hui, mais cela m'a été raconté avec des détails minutieux par plus d'une personne. Je ne puis rien dire de plus, parce que le premier roi de la nouvelle dynastie a ordonné la destruction de tous les papiers relatifs à la vie privée et à la politique des Obrenovitch. C'est certainement parmi les choses possibles, si on se souvient qu'après la guerre de 1877, la Russie jouissait en Serbie d'une grande popularité et que le parti, dit parti russe, à la tête duquel était M. Pachitch, comptait de nombreux adhérents. Milan était un homme qui ne regardait jamais au delà des nécessités et des satisfactions du moment. Toutes les erreurs politiques ou d'ordre privé dans lesquelles il tomba ont eu pour origine son inaptitude à envisager avec attention les conséquences possibles de ses actes et l'instabilité de son caractère. Dans sa vie intime il a pu souffrir, mais sa conduite de roi fut une lamentable faillite.

La Reine, qui, je viens de le dire, aurait pu se l'attacher, si elle s'était donné la peine d'essayer, était aussi impulsive et passionnée que son mari. A ces défauts s'ajoutait une jalousie d'autant plus étrange et inexplicable qu'elle ne se souciait nullement de lui. Elle ressentait amèrement ses nombreuses infidélités et, à cause d'elles, le méprisait. De son côté le Roi lui prodiguait les insultes, la blessant dans ses sentiments les plus chers. On se souvient encore en Serbie de l'odieuse histoire de l'enlèvement — on ne peut pas l'appeler autrement — de son fils; et ceux qui ont bien connu à cette époque la famille royale affirment que cet acte, venant d'un homme qui n'avait jamais eu grand souci de son enfant, a été la cause principale des troubles dont la Serbie a souffert dans la suite. Le pauvre enfant aurait, sans aucun doute, été plus heureux s'il avait été laissé aux soins de sa mère et, d'autre part, on ne le lui aurait jamais enlevé, si elle s'était conduite plus raisonnablement. Malheureusement, elle n'avait d'autre pensée que celle d'être désagréable à son mari, et sacrifiait même l'intérêt de son fils à la satisfaction de ses rancunes.

Un de ses parents habitant la Russie lui donna le conseil de faire appel au tsar Alexandre III et de lui demander sa protection contre Milan, en le priant en même temps de prendre le petit kronprinz à Pétersbourg. L'idée n'était pas mauvaise et bien des chagrins lui auraient été épargnés dans la suite si elle l'avait suivie. Mais elle crut qu'elle était de taille, à elle seule, à tenir tête à ses nombreux ennemis et qu'elle avait assez de partisans en Serbie pour réussir à faire déposer Milan. On dit qu'elle fut assez imprudente pour écrire en ce sens à un faux ami, qui mit la lettre sous les yeux du Roi, et que cette lettre confirma celui-ci dans sa résolution de s'adresser aux autorités allemandes pour obtenir le divorce contre sa femme et se faire donner la garde de son fils.

Le Roi prit le temps de la réflexion avant de se décider à user de la force pour régler cette situation tendue, et eut à ce sujet une conversation avec un ami intime de Guillaume II. A ce moment l'Empereur n'était sur le trône que depuis quelques jours, mais il avait suivi avec beaucoup d'attention le cours des événements qui se déroulaient en Serbie pendant qu'il était kronprinz. Il vit l'occasion d'établir l'influence autrichienne à Belgrade et de créer ainsi une atmosphère favorable aux idées allemandes.

Il n'était pas de l'intérêt de la Triple Alliance de

permettre à la Russie d'avoir en Serbie une situation prépondérante; Guillaume II comprit qu'une attitude d'hostilité déclarée de Milan envers la Russie le jetterait nécessairement dans les bras de l'Autriche et que, par suite, l'Allemagne serait mise en situation de s'établir fortement dans la Péninsule balkanique.

Milan avait pour grand ami un des rares hommes vraiment intelligents de l'Autriche-Hongrie. C'était le comte Eugène Zichy, noble de haute naissance, ayant une énorme fortune et une grosse influence, qui détestait la Russie et qui rêvait sans cesse au jour où l'Autriche-Hongrie serait capable de se venger sur le tsar de la cruauté impitoyable avec laquelle son ancêtre, Nicolas Ier, avait écrasé la révolte de 1848. Il avait une action considérable sur l'esprit de Milan, à qui il avait souvent donné une aide pécuniaire et auquel il était toujours resté fidèle.

Le comte Zichy conçut l'idée de créer un grand État balkanique, complètement soumis et en quelque sorte soudé à la Triple Alliance, qui pourrait, à un moment donné, aider celle-ci dans une attaque contre la Russie. Ce fut lui qui suggéra le premier que, grâce à l'apathie de sa diplomatie, le Tsar pourrait être facilement écarté des Balkans. Le comte Zichy connaissait très bien la Russie, y avait été souvent, en avait observé attentivement l'affaiblissement et avait noté les fautes de ceux qui la gouvernaient. Il en était venu à penser que, si on s'y appliquait avec persévérance, le vaste empire du Tsar pouvait être réduit au rang d'une puissance secondaire; il persuada donc Milan qu'une alliance avec la Turquie d'un côté, l'Allemagne et l'Autriche de l'autre, lui permettrait de devenir le chef d'une confédération balkanique n'ayant pas à compter avec la Russie et lui donnerait une situation supérieure même à celle de Ferdinand de Saxe-Cobourg.

Milan acquiesça à ces idées avec d'autant plus d'empressement que le conseil était accompagné du don d'une somme d'argent considérable, présenté sous l'apparence d'un prêt. Il répudia Nathalie et obligea l'archevêque de Belgrade à prononcer le divorce qu'il exigeait. Il se mit alors résolument à la tâche de réorganiser non seulement son armée mais aussi l'ensemble des services civils de la Serbie, sur le modèle de l'administration allemande. Enfin, ce fut par l'intermédiaire de Milan que la question de l'envoi d'une mission militaire allemande à Constantinople fut soumise aux personnages influents de Turquie, qui à leur tour décidèrent le Sultan à accepter les services d'officiers allemands qui instruiraient ses troupes d'après les traditions de Moltke, Roon et des autres sommités militaires dont s'enorgueillissait la Prusse.

Si elle avait été poursuivie avec persévérance et fermeté, cette politique aurait pu être utile à la Serbie, sans parler de ce qu'elle aurait eu de fâcheux pour la Russie. Malheureusement Milan n'était pas capable de continuité dans l'effort ; il ne suivait jamais avec constance la ligne de conduite qu'il avait adoptée et ne faisait pas ce qu'il fallait pour réussir. Il se jetait au hasard d'un extrême à l'autre ; un jour favorisant la Russie, le lendemain l'Autriche. Par son instabilité il s'aliéna ses plus chauds partisans et, pour mettre le comble aux déceptions qu'il donnait à tous, il abdiqua tout à coup, sans prévenir personne, en faveur de son fils, en organisant une régence.

Un tenant zélé de la Russie, M. Pachitch, devint ausssitôt premier ministre et mit toute son habileté à rétablir de bonnes relations avec la Russie. Alexandre III vivait encore et il était disposé à voir d'un œil favorable se renouer les rapports d'amitié qui avaient jadis existé entre Belgrade et Pétersbourg. Peu à peu les choses reprirent leur cours d'autrefois et la Russie fut de nouveau le point d'appui de la Serbie dans les relations de celle-ci avec ses voisins immédiats. Des officiers russes vinrent à Belgrade pour servir d'instructeurs à l'armée serbe, qui fut organisée sur le modèle de l'armée russe.

L'Autriche commença à être considérée comme une ennemie de l'indépendance serbe et à être accusée d'intrigues en vue d'obtenir la direction de l'éducation du jeune Roi, sur lequel Milan avait renoncé à tout contrôle.

Le calme, cependant, ne devait pas durer. La première personne qui troubla la paix fut la reine Nathalie, qui déclara qu'elle entendait rentrer à Belgrade pour y reprendre son rang de reine. Cette nouvelle suffit pour ramener le Roi en Serbie où il se mit à intriguer contre ses anciens ministres. Un complot fut ourdi dont le but était l'arrestation des chefs du parti, dit « parti russe », et bientôt Milan se retrouva à la tête des affaires, cette fois comme tuteur de son fils.

Il s'installa au konak de Belgrade et en sortit peu. Pendant ce temps Nathalie habitait la maison d'un ami. Un jour elle rencontra son mari dans la rue. Cette rencontre fut suivie d'entrevues et peu après Milan lui proposa d'oublier le passé et de revenir près de lui, offre qu'elle fut, cette fois, assez sage pour accepter, se rendant compte que sa situation présente était loin d'être enviable. Elle quitta Belgrade pour quelques jours et, quand elle y revint, après le décret qui rétablissait l'union rompue, la ville de Belgrade lui fit une réception enthousiaste. Elle n'avait rien perdu de sa vieille popularité.

Avec le retour de Nathalie les choses changèrent beaucoup à la cour de son fils. A raison de sa jeunesse, celui-ci, bien que roi de nom, n'était admis à exercer aucune autorité. Milan tenait les rênes du gouvernement et avait la responsabilité de la conduite des affaires publiques. Ce rôle lui convenait. Cela plaisait moins à la Reine qui voyait, une fois de plus, ses espérances déçues. Elle était obligée de sourire aux

Autrichiens qui pullulaient à Belgrade où Milan les recevait à bras ouverts, et elle avait, de plus, à se soumettre aux violences sans contrainte de son mari. Très vite la vie devient intolérable au konak, et comme la Reine déclara que rien ne la déciderait à s'exiler une seconde fois, Milan dut s'en aller, laissant son fils aux soins de la Reine.

Le triomphe de la pauvre Nathalie ne fut pas long. Le cabinet, et en particulier M. Pachitch — qui, sans être au pouvoir, était cependant absolument maître de la situation — s'aperçut que la Reine, délivrée de la crainte de son mari, intriguait pour amener une intervention armée de la Russie en Serbie. Et bientôt, voyant que personne ne l'écoutait et qu'elle perdait rapidement l'influence qu'elle avait jadis possédée, Nathalie abandonna son fils et repartit pour Paris.

Avant son départ, pourtant, elle tint à avoir une longue conversation avec le jeune Roi. Pendant son absence de Belgrade, l'affection de son fils s'était détachée d'elle. Le jeune homme était arrivé à la conviction qu'elle était si dominée par l'ambition qu'elle n'aurait reculé devant rien pour avoir à elle seule le pouvoir qu'elle convoitait. Il fut agréablement surpris quand il l'entendit lui conseiller de mettre un terme aux disputes qui faisaient de la cour de Belgrade la risée de l'Europe. Il devait, lui dit-elle, prendre l'autorité nécessaire pour gouverner sans être sous la dépendance de ses conseillers, dont aucun n'était désintéressé. Elle lui recommanda quelques officiers qu'elle jugeait disposés à l'aider dans cette entreprise et, avant de se séparer, la mère et le fils arrêtèrent un plan qu'ils croyaient de très bonne foi être né dans leurs cerveaux, mais qui venait en réalité d'Allemagne par l'intermédiaire de la sœur de la Reine, la princesse Ghika, dont le mari, ministre de Roumanie à Berlin, était dans des termes de grande amitié avec l'empereur Guillaume.

C'était le kaiser qui, voyant M. Pachitch gagner de nouveau du terrain avec ses idées de rapprochement russo-serbe, avait tenté un nouvel effort pour arracher la Serbie et son jeune Roi au piège de l'influence russe. C'est ainsi, m'a-t-on dit, que s'était exprimé l'Empereur; et je ne doute pas qu'il ne se crût vraiment appelé par un décret de la Providence à être le sauveur de la Serbie. Guillaume II insinua à la princesse Ghika que ce que sa sœur pouvait faire de mieux était d'engager son fils à se déclarer en âge de gouverner lui-même et à se délivrer ainsi de ministres qui le conduisaient à l'abîme. Nathalie fut, la première, convertie à ce point de vue et, comme nous venons de le dire, engagea le jeune Alexandre à faire ce pas décisif.

Ces incidents révèlent les causes secrètes qui produisirent finalement de si graves conséquences, l'assassinat du malheureux fils de Nathalie d'abord et beaucoup plus tard la mort tragique de l'archiduc

François-Ferdinand et de sa jeune femme. Si éloignées et distinctes l'une de l'autre que paraissent ces deux catastrophes, elles procèdent de la même cause profonde et sont un effet des mêmes impitoyables ambitions.

CHAPITRE XV

Comment s'étonner qu'ayant subi les influences
rivales de son père et de sa mère, le jeune Alexandre,
quand il devint roi de Serbie, eût peu de principes et
fût prêt à succomber à la première tentation qu'il
rencontrerait. Il avait vu ceux dont la conduite aurait
dû lui servir d'exemple recourir aux manœuvres
les plus perfides pour se nuire l'un à l'autre; il avait
eu maintes occasions de surprendre les compétitions
déloyales des hommes politiques qui tour à tour
avaient gouverné le pays; il n'avait entendu que des
gens qui lui répétaient sans cesse qu'en politique la
fin justifie les moyens et que le succès allait à ceux
qui mentaient et trichaient le mieux.

Dans son enfance il avait eu le culte de sa mère,
mais quand il avait été, dans le sens littéral du mot,
arraché de ses bras, il était tombé sous l'influence
d'un père sans principes, qui, pour se venger des
dédains de sa femme, avait noirci son caractère aux
yeux de son fils. Le résultat fut qu'Alexandre de Ser-

bie en vint à mépriser également ses parents et qu'il était à dix-huit ans un jeune homme ne respectant rien et ne pensant qu'à lui-même et à ses appétits personnels.

Quand Nathalie revint à Belgrade, réconciliée, au moins en apparence, avec son mari, elle retrouva son fils froid et dédaigneux. Il avait oublié la tendresse qu'elle lui avait prodiguée dans le passé en même temps que sa propre affection pour elle; on comprend qu'elle en ait ressenti une profonde amertume et que ses sentiments pour son mari soient devenus encore plus aigres qu'au moment où avait été prononcé le divorce. En rentrant en Serbie, si elle avait consenti à effacer le passé, elle n'avait pas promis l'oubli. Ce qu'elle avait souhaité, c'était de réunir de nouveau autour d'elle, au konak de Belgrade, ses amis et ses partisans d'autrefois.

Elle ne tarda pas à s'apercevoir qu'en sa qualité de mère du souverain nominal qui avait rendu à Milan le pouvoir, elle était épiée dans tous ses mouvements et que tout le monde s'efforçait de la représenter à son fils Alexandre comme une femme ambitieuse, sans scrupules, qui n'hésiterait pas même à commettre un crime si elle y croyait trouver pour elle un avantage.

Nathalie s'appliqua à combattre les calomnies qui avaient été glissées dans l'esprit du jeune roi et à lui inspirer confiance. Ce ne fut pas, en somme, très difficile. Malgré la froideur visible avec laquelle il accueillait sa mère, Alexandre sentait profondément le besoin d'une amitié à laquelle il pût se fier. Quand donc elle lui expliqua qu'il devait faire un effort pour gouverner lui-même et s'affranchir d'une régence qui s'habituait à le traiter comme un enfant, il écouta avec faveur ce conseil.

Comme je viens de le dire, la reine avait été fortement inspirée par sa sœur, la princesse Ghika, en qui l'empereur Guillaume II avait trouvé une alliée très chaude; le but de celle-ci était de faciliter la campagne que le kaiser entendait mener contre les principaux hommes d'État serbes qui voulaient forcer le jeune roi à agir dans le sens de leurs idées et de leurs préférences. La reine procéda avec une extrême prudence et prépara le coup d'État avec une habileté si consommée que c'est à peine si quelques-uns en soupçonnèrent l'existence. Alexandre se proclama en âge de gouverner le 1er avril 1893, et prit la conduite des affaires avant que personne à Belgrade eût même pensé qu'il avait le plus vague désir de le faire.

Au premier moment, cet acte d'indépendance et d'autorité rendit le jeune roi très populaire dans toute la Serbie. On espéra de grandes choses de ce jeune prince qui montrait ainsi qu'il était un homme et non une poupée, et tout le monde applaudit avec joie à ce mouvement d'énergie; on le jugea opportun et de bon augure. Milan devint plus impopulaire que jamais.

Il essaya d'avoir une explication avec son fils mais ses questions furent reçues avec une politesse si glacée, qu'il se résigna à ne pas insister et se retira en Hongrie où il fut reçu avec empressement par son vieil ami le comte Zichy.

Le comte Zichy était un homme extrêmement avisé et il pensa tout de suite qu'il fallait saisir l'occasion, en faisant agir des influences secrètes à la Cour, pour amener le jeune roi dans le giron de l'Autriche. Afin d'y parvenir il n'épargna ni peine ni argent et ce fut surtout grâce à ses efforts qu'on vit la Serbie inondée d'Autrichiens. Rien ne fut négligé pour la transformer en province autrichienne.

Le comte était tout à fait dans les bonnes grâces de l'empereur Guillaume, qui l'avait invité, en plus d'une occasion, à chasser avec lui. Au cours des fréquentes visites qu'il avait faites à Berlin, il avait été mis au courant, dans les grandes lignes, du plan du souverain allemand et était entré avec enthousiasme dans les vues de celui-ci sur la nécessité de mettre un terme aux entreprises de la Russie dans la péninsule balkanique. Il devint le principal agent de la Prusse en Serbie et il put y travailler sans risques, parce que personne n'imaginait que la politique intérieure de ce pays pût être du plus mince intérêt pour les gens sages de la Wilhelmstrasse.

Très vite le calme apparent qui avait suivi le moment où le roi Alexandre avait pris les rênes du gouvernement prit fin, et la lutte pour la suprématie en Serbie recommença avec une nouvelle vigueur. Au milieu de tous ces tourbillons, le jeune roi perdit pied; il se sentit impuissant en face de ces rivalités, de ces animosités et de ces querelles, et, ce qui rendit la situation plus troublante encore pour cet enfant, — Alexandre n'était pas autre chose, — la reine Nathalie quitta aussi Belgrade en lui disant que, comme il n'écouterait pas ses conseils, il devait agir sous sa seule responsabilité. Guillaume II — par intérêt, disait-il, pour le bonheur de la Serbie — lui écrivit une ou deux fois; il insistait pour qu'il considérât l'Autriche comme sa meilleure amie et sa seule protectrice contre la Russie. Et pendant tout ce temps on devine que la calme influence de la princesse Ghika ne fut pas inactive.

Perplexe, tourmenté et absolument incapable de voir la route qu'il devait prendre, Alexandre se donna un court congé dans l'espoir qu'un peu de tranquillité l'aiderait à décider ce qui serait le mieux pour la Serbie. Il alla à Biarritz voir sa mère et là tomba sous le charme de Mme Draga Maschin, la séduisante femme qu'il allait finalement épouser.

Mme Draga Maschin avait alors à peu près trente-deux ans. Elle avait été mariée à un officier de l'armée serbe, le colonel Maschin, dont elle s'était très vite séparée par un divorce. Grâce à la protection de son frère, que la reine Nathalie voyait d'un œil très bienveillant, pour différentes raisons qu'il serait trop long de raconter ici, Draga était devenue dame d'honneur de la souveraine dépossédée et n'avait pas tardé à se rendre indispensable.

Elle était extrêmement adroite, insinuante, avait beaucoup de charme et était éminemment séduisante. Elle possédait un brillant talent de musicienne et faisait des vers non sans attrait, bien que peu originaux. En outre de ces dons, elle avait une voix douce, agréable, mélodieuse, et parlait aux sens des hommes par des manières exceptionnellement attirantes qui valaient des volumes, même quand elle ne disait rien.

La reine Nathalie se prit pour elle d'une très vive affection et, quand son fils vint la voir, elle appela souvent sa dame d'honneur pour le distraire et causer avec lui. Très vite le jeune roi, qui n'avait que l'âge et l'expérience d'un enfant, tomba sous le charme de Mme Maschin, qui obtint sa confiance et prit avec lui l'attitude d'une amie absolument désintéressée. Elle avait de longues conversations avec Alexandre, discutait avec lui les difficultés de sa situation, lui donnait des conseils sur ce qu'il devait faire ou dire et conquit son cœur en lui laissant voir clairement qu'elle l'aimait pour lui-même — chose que le pauvre garçon avait toujours désirée mais n'avait jamais connue jusqu'alors. Bientôt l'idée de l'épouser entra dans l'esprit du jeune roi, et immédiatement il lui fit part de son désir, sans réfléchir à l'opposition que ce projet allait rencontrer en Serbie.

La première personne qui en fut informée fut la reine Nathalie et il est difficile de décrire le sentiment de terreur dans lequel cette révélation la plongea. Elle supplia son fils de renoncer à cette idée, et enfin, constatant l'inutilité de ses efforts, elle s'adressa au roi Milan lui-même et lui demanda d'essayer de convaincre Alexandre qu'il n'avait pas le droit de braver ainsi l'opinion de toute l'Europe.

Milan fit venir son fils à Vienne et employa toute son éloquence à le dissuader de la dangereuse décision qu'il voulait prendre, mais l'influence de Draga Maschin l'emporta sur celle de Milan. Sèchement et avec l'égoïsme orgueilleux de la jeunesse, il dit à son père que tel était son bon plaisir et qu'il n'était pas disposé à écouter des parents qui ne s'étaient jamais souciés de lui.

A ce moment Draga reçut la visite d'un personnage mystérieux, qui lui laissa entendre qu'il était un des confidents de l'Empereur allemand et lui demanda, au cas où elle recevrait l'aide dont elle avait besoin pour réaliser le désir de son cœur, si elle userait de son influence sur le roi Alexandre pour favoriser les intérêts de l'Autriche en Serbie. Draga était ambitieuse, mais elle était patriote. Elle n'était pas sotte non plus; elle comprit le but réel de la proposition, mais eut peur de le laisser voir de crainte d'un piège.

Elle prit donc le message comme une plaisanterie. Malheureusement pour elle, le fait qu'elle avait reçu le mystérieux émissaire ne demeura pas secret, et plus tard la connaissance qu'on en avait fut exploitée contre elle par ceux-là mêmes qui le lui avaient envoyé.

Quand on apprit à Belgrade le mariage projeté, l'irritation fut extrême et, dès ses premiers pas, Draga se sentit dans une situation impossible. Malheureusement pour elle, elle aggrava les choses en affectant une présomption et un orgueil ridicules. La peur d'être traitée familièrement la rendit hautaine et insolente envers ceux qu'elle aurait dû s'appliquer à se concilier. Au lieu de s'allier courageusement à un parti, elle chercha à plaire à tous ; le résultat fut que chacun la jugea fausse et peu sûre et que, quand elle fut en danger, tous l'abandonnèrent à son destin avec la plus complète indifférence.

Un moment, cependant, les efforts de l'Allemagne semblèrent prévaloir ; Draga, entièrement discréditée dans son pays et en butte à des attaques acharnées et perfides, se tourna dans son désarroi du côté de Berlin, où elle espérait trouver aide et protection plus encore qu'à Vienne. Elle pria le ministre d'Allemagne de venir au konak et lui dit qu'elle était prête à favoriser le développement de la politique autrichienne dans la Péninsule balkanique. Quand elle fit cette démarche, il était trop tard pour la sauver. La tragédie était commencée et le complot qui vouait la reine et son jeune époux à la plus cruelle des morts était en marche. Sa terrible exécution est trop connue et les détails en sont trop déchirants pour qu'il convienne de les rappeler, mais certaines circonstances qui s'y rapportent sont restées longtemps ignorées de la masse du public. L'âme de la conspiration était un homme qui, dans différentes occasions, avait joué un rôle important dans les troubles intérieurs qui, pendant le dernier quart de siècle, ont secoué la Serbie et qui est, encore à l'heure actuelle, une des têtes et un des hommes politiques les plus actifs de ce pays. Il a été plusieurs fois membre du gouvernement et a toujours soutenu les intérêts et l'influence russes.

Un autre homme d'État éminent, qui était aussi un ferme partisan de la Russie et croyait que la régénération de la Serbie ne pouvait être accomplie que sous l'égide du Tsar, était M. Pachitch dont il a été beaucoup parlé dans ces dernières années.

M... haïssait le roi Milan, qui avait tout fait pour se débarrasser de lui, jusqu'à penser à le faire assassiner. Ses sentiments personnels au sujet du mariage du jeune Roi étaient influencés par le fait qu'il était au courant de certains détails de la vie de jeune fille de la reine Draga, quand elle était entre treize et vingt ans. Sa rage fut sans bornes quand il découvrit que la Reine faisait des avances au parti autrichien et encourageait son mari à se tourner contre la Russie. Il essaya d'amener M. Pachitch à prêter l'oreille à un plan d'enlèvement de la Reine qu'on aurait enfermée dans une maison de fous. Il voulut ensuite obtenir de Draga qu'elle entrât dans les vues du parti russe. La Reine, qui connaissait l'homme et le savait informé de son passé, eut peur que cette invitation fût un piège et préféra suivre les conseils des émissaires allemands qui avaient trouvé moyen de l'approcher; elle joua, en conséquence, de tous ses moyens de séduction pour amener le Roi à entrer dans les désirs du ministre d'Autriche.

Cette conduite imprudente fut la dernière goutte d'eau. L'homme politique dont je parle hésitait devant l'accomplissement de ce qu'il sentait être un crime atroce, bien que justifié à ses yeux. Mais, quand il eut acquis la certitude qu'un pacte d'alliance avait été conclu entre la Reine et le représentant de l'Autriche, il prit son parti et engagea des négociations avec le prince Pierre Karageorgevitch, prétendant au trône de Serbie, qui vivait alors à Genève.

Le prince Pierre déclara que, s'il était prêt à accepter le trône dans son pays natal au cas où la Serbie en exprimerait le désir certain,

[Passage supprimé par la censure.]

Cela suffisait. Quand M... rentra à Belgrade, ses résolutions étaient arrêtées et il agit en conséquence.

Son premier acte fut de réunir quelques officiers dont les sentiments et les opinions lui paraissaient tout à fait sûrs, et il leur exposa un plan dont le but était d'enlever la Reine. Ce qui arriverait si elle résistait était laissé dans les mains du destin, mais aucun de ceux qui étaient là ne douta de ce qui se passerait.

Le 10 juin la reine Draga reçut une lettre anonyme dans laquelle on la suppliait de faire tout au monde pour empêcher le Roi de se trop montrer en public pendant les jours suivants et d'être elle-même extrêmement prudente dans tout ce qu'elle ferait. Elle se mit simplement à rire en la recevant. Ses ennemis, cependant, ne négligeaient aucun détail. Les factionnaires du palais furent subornés et on se procura des clefs de toutes les portes conduisant aux appartements des souverains.

Le Roi et la Reine s'y étaient déjà retirés pour la nuit quand les conspirateurs envahirent le konak. Effrayée d'entendre des voix, Draga persuada à son mari qu'il fallait chercher un refuge derrière un rideau de leur chambre. Ils passèrent là près de trois heures pendant que tout le palais était fouillé. Par malheur un petit mouvement qu'ils firent trahit leur présence. Sans cette circonstance il est probable qu'on ne les aurait pas découverts. Un des conjurés s'avança vers le Roi, qui couvrait la Reine, et le tira au milieu de la pièce. Le malheureux souverain ayant tenté de résister et de protéger sa femme contre les assassins, il fut frappé au cœur et son corps fut jeté par la fenêtre dans la rue. Pour Draga, ce fut une boucherie — on ne peut employer un autre mot — et son corps fut également précipité au dehors. Leurs cadavres furent trouvés par des moines qui les enterrèrent dans une vieille abbaye où la dynastie des Obrenovitch avait un tombeau de famille.

Le lendemain le prince Pierre Karageorgevitch était proclamé Roi.

CHAPITRE XVI

LA SERBIE SOUS LE ROI PIERRE

La dynastie des Karageorgevitch, après un inter-règne d'environ soixante ans, reprit possession du trône en la personne du roi Pierre. Des écrivains mélodramatiques ont dit qu'il marcha vers le trône dans le sang, insinuant ainsi qu'il avait été mêlé au crime qui remit la couronne dans sa maison. Aucun de ceux qui connaissent le caractère de ce prince n'admettra jamais cette accusation. Qu'il ait su qu'une révolution se préparait, cela est hors de doute, mais il n'est pas moins certain que les conspirateurs ne lui ont pas dit jusqu'où ils étaient décidés à aller. Quand la nouvelle de l'assassinat du Roi fut apportée au prince Pierre, il fut révolté au delà de toute expression, et, sous l'empire du sentiment d'horreur qu'elle avait provoqué en lui, il déclara qu'il ne voulait pas paraître avoir eu une part quelconque dans un crime aussi atroce et qu'il préférait renoncer aux prétentions qu'il pouvait avoir sur la couronne de Serbie.

Heureusement pour l'héroïque petite nation, son

frère, le prince Arsène Karageorgevitch eut sur lui assez d'influence pour le décider à accepter le trône. Arsène avait servi en Russie comme officier dans un régiment d'élite, les chevaliers-gardes. Il était d'un caractère très résolu et ce fut lui qui mit le sceptre dans la main de son frère, en insistant pour qu'il acceptât la royauté qu'on lui offrait. Il lui déclara que c'était pour les Karageorgevitch un devoir envers la Serbie de remonter sur le trône à ce tournant dangereux de l'histoire serbe. Si un gouvernement régulier n'était pas rétabli à Belgrade, Arsène avait l'intuition que l'Autriche n'hésiterait pas à occuper la capitale et à envahir le pays. Il exposa ces arguments décisifs à son frère avec tant de force que quelques heures après le prince Pierre se laissait proclamer roi de Serbie.

Il a rempli cette délicate fonction avec infiniment de tact et une habileté politique indiscutable. Bientôt s'ouvrit pour la Serbie une longue période de prospérité et bien que les sceptiques continuassent à secouer la tête et à dire que ce calme inaccoutumé ne durerait pas, il n'en est pas moins certain que le pays se mit à respirer plus à l'aise qu'il ne l'avait pu faire pendant de longues années.

La solidité, le succès du nouveau règne et la stabilité qui semblait s'affermir provoquèrent l'étonnement d'abord, puis l'irritation de la diplomatie allemande et de l'Empereur qui la partageait. Les préoccupations teutonnes étaient aggravées par les rapports venant de Constantinople et qui prédisaient qu'avant longtemps la Serbie aurait acquis l'entière sympathie et la protection de la Russie. En outre de cette renaissance, on devait constater que la Serbie avait quelques raisons d'espérer la prépondérance dans les Balkans, ce qui couperait court aux aspirations de Ferdinand de Bulgarie, alors encore simplement le prince Ferdinand.

Dans cette situation l'Allemagne vit qu'il était grand temps d'agir si elle ne voulait pas abandonner le dessein si cher à l'Empereur — la destruction de l'influence russe en Orient. Pour atteindre ce résultat si désiré, il était d'une nécessité vitale de s'assurer la coopération de l'un des petits États chrétiens de la péninsule. Guillaume II n'avait sans doute pas une entière confiance en Ferdinand de Cobourg, dont la facilité à oublier les promesses lui inspirait au contraire une profonde défiance; la Roumanie était déjà entièrement acquise à l'Allemagne ou du moins le kaiser le pensait; le Monténégro n'était qu'un État minuscule dont il n'y avait pas, pour le moment, à s'occuper; quant à la Grèce on pourrait toujours se la concilier, grâce aux fortes sympathies allemandes du Kronprinz et à l'influence de la Kronprinzessin Sophie, qui était la sœur de l'empereur. Restait la Serbie. Si elle pouvait être entraînée dans l'orbite politique de l'empereur allemand, elle serait un facteur de grand prix pour assurer l'humiliation de la Russie.

Mais ce n'était pas facile. Il y avait en Serbie des patriotes, décidés à ne pas se laisser entraîner sur des voies dangereuses, qui jouissaient dans tout le pays d'une grande popularité. Au premier rang était M. Pachitch, dont j'ai déjà parlé, homme politique sage, expérimenté et clairvoyant, qui regardait au delà du succès d'un jour, et qui était le chef du parti progressiste loyal en Serbie. A côté de M. Pachitch était M. Guentchitch et quelques autres hommes aimant sincèrement leur patrie. Ils exposèrent leurs vues avec force et éloquence au roi Pierre, qui fut assez avisé pour les écouter. Il consolida ainsi lui-même et sa dynastie sur le trône.

Presque aussitôt le ministre d'Autriche près la cour de Belgrade appela l'attention de son gouvernement sur les affaires de la Serbie et le développement de l'influence serbe en Bulgarie. Les Conseils privés de Vienne en conçurent de sérieuses alarmes et l'empereur Guillaume fut informé en toute hâte du cours que prenaient les événements.

Il devint bientôt évident aux yeux du petit nombre de ceux qui étaient au courant des ramifications politiques souterraines, que des agents accrédités de l'Allemagne s'étaient mis à l'œuvre, car on vit paraître une note exposant les avantages que la Serbie pourrait retirer d'une entente entre Vienne, Berlin et Belgrade qu'on espérait pouvoir réaliser avec le concours du Prince héritier.

[Passage supprimé par la censure.]

On peut penser que l'empereur Guillaume était moins content que le peuple serbe. Il vit une fois de plus ses chers plans s'écrouler et comprit qu'un fort royaume slave allait pouvoir s'établir, avec l'aide et sous la protection de la Russie, en opposition avec la faible et chancelante Turquie et en rivalité avec la nouvelle monarchie bulgare. Il lui parut, en conséquence, nécessaire de presser certains événements, dont j'ai pu connaître le but secret et que, personnellement, j'ai considérés comme dangereux en envisageant la politique dans ses grandes lignes. Alors, comme toujours, l'empereur allemand obligea ceux qui pensaient comme moi à garder le silence et il voulut forcer la Serbie à se déclarer ouvertement soit en faveur de l'Autriche, soit en faveur de la Russie, afin d'être sûr de son attitude dans les éventualités futures. En même temps, Guillaume II se jeta résolument dans une politique anti-russe et usa de tous les moyens en son pouvoir pour persuader le Sultan, et plus encore Enver Pacha, que l'heure était venue pour la Turquie de se venger de ses défaites passées et de secouer les influences qui avaient longtemps paralysé son action.

Quand la menace d'une guerre dans les Balkans vint ébranler la sérénité de l'Europe, l'Empereur, au lieu d'engager la Turquie à céder, l'encouragea dans ses idées de résistance, en même temps qu'il excitait à la fois la Serbie et la Bulgarie contre l'empire turc. Tandis que le cabinet de Berlin répétait sans cesse qu'il désirait la paix et que la paix devait être imposée aux adversaires, je sais par mes observations personnelles et les renseignements recueillis ici ou là que l'Empereur directement faisait dire aux cabinets de Belgrade et de Sofia de ne pas renoncer à un iota de leurs prétentions et insistait parallèlement dans le même sens auprès du Sultan.

Comme on le sait, la guerre éclata et fut suivie d'une seconde campagne dans laquelle la Bulgarie se jeta contre la Serbie et la Grèce. Au cours de cette deuxième phase, le roi Georges de Grèce fut assassiné à Salonique et l'Autriche commença à montrer son jeu ; elle laissa prévoir qu'elle n'entendait pas permettre à la Serbie d'aller jusqu'au bout de ses succès et que, quoi qu'il arrivât, elle soutiendrait son ami fidèle, le prince Ferdinand de Cobourg.

En Serbie, M. Pachitch ne s'endormait pas. Il vit que c'était le moment de discuter les bases d'une alliance entre la Russie et les États balkaniques. Il envoya son ami M. Guentchitch à Pétersbourg où celui-ci resta cinq mois, voyant les ministres et les hommes politiques importants et travaillant avec un zèle actif pour la cause de la Serbie. Sa connaissance parfaite de la langue russe et son expérience politique lui furent très utiles, et ses efforts, qui comportèrent une collaboration fréquente dans plusieurs journaux russes, réussirent bientôt à créer et à développer un grand courant de sympathie pour son pays.

Son travail fut secondé à Belgrade par le ministre de Russie dans cette ville, M. Hartwig, un des diplomates les plus habiles et les plus capables qu'ait jamais eus la Russie. M. Hartwig connaissait l'Orient dans tous ses recoins, ayant été à peu près dix ans sous les ordres du comte Ignatieff à l'ambassade de Constantinople. Il détestait l'Autriche et déclarait toujours que, tant que la Russie n'aurait pas annihilé cette dangereuse et intrigante ennemie, elle ne pourrait pas développer en paix ses vastes ressources. Il travailla de toutes ses forces à faire aboutir une alliance russo-serbe dans laquelle il voyait le paratonnerre contre l'orage qui, répétait-il avec insistance à son gouvernement, se levait à l'horizon. Il avait la conviction que les choses étaient arrivées à un tel degré de complication que rien, en dehors d'un conflit sanglant, ne pourrait les remettre en ordre.

M. Hartwig comprenait mieux que personne les subtilités et les sophismes qui obscurcissaient la politique en Orient et, pour contrarier les effets de la duplicité de l'Autriche et des intrigues de l'Allemagne, il aurait voulu voir son pays se dresser hardiment et se poser comme le champion des races slaves. Il prépara les bases d'une entente, dont les stipulations furent ratifiées par le roi Pierre, quand celui-ci vint à Pétersbourg au printemps 1914.

Lorsque eut été signée la paix de Bucarest, on commença à respirer de nouveau plus librement et à se laisser aller à l'espoir que l'éternelle question d'Orient allait enfin disparaître pour quelque temps de l'horizon politique. L'Autriche paraissait résignée à l'inévitable; Ferdinand de Bulgarie semblait absorbé dans la tâche de réparer les ravages qu'avait faits en Bulgarie la dernière guerre; la Turquie avait reconquis Andrinople et on pouvait la croire satisfaite de cette bonne fortune qu'elle n'aurait pas eu le droit d'espérer. Tout semblait à la paix; mais ce n'était qu'une apparence; les éternelles forces secrètes étaient à l'œuvre, travaillant dans l'ombre à engloutir les hommes et les nations sous une sanglante éruption.

CHAPITRE XVII

M. Hartwig, dont je viens de parler, était, comme je l'ai dit, un des plus éminents diplomates que jamais la Russie ait envoyés à l'étranger pour veiller sur ses intérêts; il devait surtout sa valeur à un don d'intuition remarquable. Bien que je l'aie beaucoup connu et aie été en relations constantes avec lui jusqu'à la veille ou l'avant-veille de sa mort, j'ai toujours été surpris de l'extrême rapidité avec laquelle il arrivait à ses conclusions; bien souvent, avant que qui que ce soit ait eu le temps de se rendre compte qu'un événement s'était produit, il en prévoyait, avec une justesse presque infaillible, les conséquences. C'était un patriote ardent, mais bien qu'il souhaitât la suprématie de la Russie sur le Bosphore, il n'était pas un slavophile fanatique. En réalité il se souciait peu des Bulgares et des Serbes; ce qu'il voulait, c'était que la Russie acquît une influence incontestée dans la péninsule balkanique. Il croyait fermement à la mission de l'empire russe, était convaincu que son destin était à Constantinople et qu'il était appelé tôt ou tard à s'y installer. Il désirait que ce fût le plus tôt possible. Sa bête noire était l'Autriche; elle représentait, à ses yeux, l'élément le plus inquiétant en Europe et il ne doutait pas que la diplomatie austro-hongroise entraînerait la Russie dans une guerre à laquelle il était non moins certain que l'Allemagne prendrait part. M. Hartwig avait passé quelques années à Buda-Pesth et avait profité de l'occasion qui s'offrait ainsi à lui pour étudier avec le soin le plus attentif les hommes politiques et aussi les préparatifs militaires qui se faisaient en Autriche-Hongrie. Il avait une profonde défiance à l'égard des différents hommes d'État qui dirigeaient la monarchie des Habsbourg. Il savait que ces hommes, aveuglés comme ils l'étaient par une excessive vanité, n'hésiteraient pas à l'occasion à recourir aux plus grossiers subterfuges pour empêcher leurs amis de la veille de se rendre compte des attaques qui étaient préparées contre eux.

M. Hartwig avait constamment prévenu son gouvernement que quelque chose se tramait contre la Russie du côté des deux alliées, l'Allemagne et l'Autriche. Son intuition lui fit soupçonner que la politique subitement agressive du cabinet autrichien à l'égard du mouvement slave en général était le présage de décisions plus violentes. M. Hartwig n'avait jamais dissimulé sa conviction que le motif secret de cette attitude était la résolution de l'empereur Guillaume de détruire les deux puissances — Russie et Angleterre — qui, à ses yeux, étaient le grand obstacle à l'expansion allemande.

Une des raisons de la clairvoyance de M. Hartwig était la profonde connaissance qu'il avait des actes de l'Empereur allemand. Sa croyance obstinée que Guillaume II n'était pas ce qu'il paraissait être aurait pu fausser ses jugements, car son hostilité allait jusqu'à l'obsession. Pour rendre justice à M. Hartwig, il faut dire que ce n'était pas là l'entêtement d'un homme impressionné par des idées vagues et superficielles, mais le résultat d'une étude sérieuse et complète de Guillaume II. Partant de cette idée réfléchie, que de l'Empereur allemand seul dépendait la paix du monde et le maintien du *statu quo* en Europe, M. Hartwig me dit qu'il avait collectionné les différents discours du kaiser dans l'espoir d'y trouver la clef de ce caractère compliqué et mystique qui, ajouta-t-il, était capable d'un nombre illimité de bonnes et de mauvaises actions, qui, bien que très religieux en paroles, était, en morale, le plus grand nihiliste qui eût jamais existé, qui, en dehors de la gloire et des succès personnels, ne voyait rien et ne concevait rien d'autre que l'agrandissement matériel de son pays. Quand le monde entier louait la modération de l'Empereur et admirait ses efforts en faveur de la paix et quand on avait proposé même de lui décerner le prix Nobel, M. Hartwig n'avait pas été ébranlé; il avait protesté de nouveau avec force contre ce qu'il disait être « une appréciation complètement fausse des dispositions de Guillaume II ». Il avait continué à répéter que l'avenir montrerait combien durerait son pacifisme apparent et que, pour sa part, il ne s'y fiait pas.

Nous eûmes plus d'une discussion à ce sujet, discussions qui, on peut s'en douter, tournèrent quelquefois en querelles et au cours desquelles il persista dans son opinion. Il m'affirma que tout ce qui concernait les armements de l'Allemagne, bien qu'en apparence fait ouvertement, était en réalité conduit dans le plus profond mystère et que, pour un soldat ou un canon avoué, il y en avait deux ou trois que le monde, en général, ne soupçonnait pas.

« L'Allemagne est un vaste camp », me dit-il un jour que je traversais Belgrade au retour d'un voyage à Sofia dont je vais parler tout à l'heure, « et c'est un camp retranché, par-dessus le marché. Lui donner l'assaut exigera les plus terribles sacrifices et Dieu sait même s'ils seront efficaces. On ne dresse pas impunément, pendant vingt-cinq ans, une nation au militarisme, sans faire un jour éclater la guerre. Quand le fruit est mûr, il faut le détacher de l'arbre. Vous croyez l'Allemagne pacifique; je ne vous en blâme pas, parce que tout homme doit avoir foi dans son pays; mais elle est hypnotisée. Une sorte d'exaspération de l'opinion publique a été systématiquement infiltrée chez vous, d'où résulte qu'on y est absolument persuadé que la guerre sera déclarée un de ces jours et qu'il faut donc s'y préparer sans cesse. Les Allemands sont pacifiques par nature, je le sais, mais l'Allemagne est loin de l'être; comprenez la différence. Et c'est cette différence, vous le verrez, qui amènera une catastrophe. »

— « Je ne puis pas vous croire, répliquai-je. Moi aussi je connais mon pays. Je suis à même de mieux comprendre ses sentiments que vous, qui êtes un étranger, et je vous assure que pas un de mes compatriotes ne désire la guerre, spécialement une guerre avec vous. »

— « Pouvez-vous vous porter garant de ce que pense à ce sujet votre Empereur? » me demanda M. Hartwig.

Je gardai un moment le silence, plutôt en me remémorant l'obsession de M. Hartwig que pour réfléchir à ma réponse, et pendant que j'avais cet instant d'hésitation, il reprit avec cette vivacité qui était, chez lui, si caractéristique :

— « Non, vous ne pouvez pas. Quand vous pensez sérieusement à tout cela, vous n'êtes pas du tout sûr que l'Empereur désire maintenir la paix en Europe. »

— « C'est vous qui vous trompez, répondis-je en hâte. Il n'y a aucun doute dans mon esprit sur le désir du kaiser d'éviter la guerre. Ce qui m'a fait réfléchir une minute, c'est que je ne puis pas m'empêcher de penser que vous êtes buté à une idée fausse. »

— « Non, je n'ai pas d'opinion préconçue, dit

M. Hartwig. Je serais un bien mauvais serviteur de mon pays si je laissais un préjugé obscurcir mon jugement. Je vois seulement avec clairvoyance ce que les autres ne regardent pas. L'Allemagne a besoin d'expansion, elle cherche de nouveaux terrains pour l'activité de sa population. La guerre est l'issue nécessaire. Sa marine a aujourd'hui des chances de succès et son armée se prépare. Le jour où elle sera tout à fait prête, votre Empereur mettra l'allumette sur le feu. »

— « Sûrement vous exagérez, ou bien vous êtes ce soir sous une mauvaise influence, répliquai-je. Il est léger et injuste de penser pareilles choses d'un souverain dont les paroles expriment des idées si différentes. »

— « Ah bien ! reprit M. Hartwig avec un haussement d'épaules. Vous penserez un jour à notre conversation. Peut-être serai-je mort, mais vous vous souviendrez que je vous ai annoncé que nous sommes aujourd'hui à la veille de graves et redoutables événements et que je vous ai dit que l'Allemagne, dans son état actuel, est un danger, non seulement pour la paix, mais aussi pour la civilisation du monde. »

M. Hartwig ne s'en tint pas à cette réplique :

— « Vous pouvez me demander, poursuivit-il, ce qui me donne une vue si sombre de la situation, mais ici, à Belgrade, et dans toute la péninsule balkanique, nous voyons peut-être les choses plus clairement qu'ailleurs. Nous savons tous que les plus légers incidents dans ces régions peuvent produire des événements d'une exceptionnelle ampleur, et récemment les intrigues de l'Allemagne parmi les éléments slaves de ce pays ont pris des proportions tout à fait menaçantes ; j'ai eu l'occasion de le constater par moi-même. »

— « Mais pourquoi ? » demandai-je.

La réponse fut immédiate :

— « Parce que l'Allemagne convoite le canal de Suez et veut, aussi, s'étendre en Orient. Elle ne peut le faire que soit en obtenant l'aide de la Turquie et la connivence des pays balkaniques, soit en les écrasant les uns et les autres ; ce qu'elle peut tenter par des moyens indirects en mettant aux prises la Turquie et les États des Balkans. Un nouveau conflit balkanique, toute l'Europe le sait, entraînera la Russie dans la guerre ; c'est cela qu'attend votre Empereur. »

— « Vos soupçons ne peuvent pas être justes, insistai-je. Guillaume II a toujours fait tout ce qu'il pouvait pour maintenir la paix. Je ne vois aucun fondement à votre assertion qu'il aurait si complètement changé. »

— « Vous oubliez une chose, dit M. Hartwig. Vous oubliez les rapports qui existent aujourd'hui entre l'Empereur et le Kronprinz. Souvenez-vous-en, et vous aurez la clef de bien des énigmes qui intrigueront encore le monde. Tant que l'Empereur a été le seul maître de la situation, on pouvait, dans une certaine mesure, le croire sincère ; mais maintenant qu'il voit son fils gagner une popularité considérable dans le parti militaire, il se sent la main forcée et infailliblement il sera obligé de faire la guerre. Les amis du Kronprinz commencent à accuser le souverain de couardise et disent déjà qu'il a peur de la guerre. »

J'eus un sursaut en entendant cette remarque, qui rappelait d'une façon saisissante ce que, quelques semaines auparavant, m'avait dit le roi de Roumanie. Cette similitude d'opinion chez deux hommes si différents l'un de l'autre, et si remarquables chacun dans son genre, m'impressionna profondément.

Je quittai Belgrade le lendemain et ne revis plus jamais M. Hartwig. Il mourut subitement quelques semaines plus tard dans la maison de son collègue d'Autriche avec lequel il venait de discuter plusieurs questions politiques importantes.

Bien des bruits troublants circulèrent à propos de cette mort inattendue et tragique. M. Hartwig voyait les choses avec plus de clairvoyance que la majorité des hommes, et sa mort, au moment précis où il aurait pu rendre à son pays des services d'une inestimable valeur, ajouta aux difficultés de l'heure. Sa vaste connaissance des affaires d'Orient, son expérience de la politique en général et sa sympathie déclarée pour l'alliance anglaise, sympathie d'autant plus curieuse qu'il n'avait jamais été attiré vers le peuple anglais, auraient rendu son concours très précieux pour

M. Sazonof. Le destin veillait, et quand il mourut, l'Allemagne perdit un adversaire exceptionnellement redoutable qui ne se laissait jamais emporter par la passion, mais jugeait les choses et faisait sa besogne avec un sang-froid et une présence d'esprit admirables.

CHAPITRE XVIII

INFLUENCES RIVALES EN GRÈCE

Il n'est presque pas une nation de l'Orient qui n'ait reçu des ouvertures de la diplomatie allemande; la Grèce n'est pas dans les exceptions. A raison de certaines circonstances que j'expliquerai plus tard, Athènes semblait un terrain favorable pour y établir une amitié solide et utile entre la cour de Grèce et celle de Guillaume II. Montrer comment la diplomatie y travailla et dans quelle mesure les sentiments personnels de la famille royale de Grèce influèrent sur les relations entre ce pays et l'empire allemand sera fournir une page instructive à l'histoire contemporaine.

Sur d'autres points de l'Europe centrale, le résultat net du travail assidu de la diplomatie de Berlin a été une récolte d'incertitudes ou d'échecs. Même là où des suggestions présentées sous les couleurs les plus séduisantes avaient trouvé des dispositions favorables, la tendance des hommes d'État balkaniques à considérer l'opportunisme comme la première de toutes les règles de conduite rendait toujours les assurances les plus solennelles fragiles, et rien en dehors d'un traité d'alliance définitivement ratifié n'avait une valeur et ne pouvait inspirer confiance. Guillaume II était las de n'obtenir que des paroles de vent. La Serbie lui échappait; la Roumanie ne lui montrait pas son jeu; en Turquie, bien qu'il crût y avoir une situation plus assurée, il se rendait compte que la passion toujours régnante pour l'équivoque pouvait, à l'occasion, la ruiner; la Bulgarie semblait la terre promise, mais ses ambitions la mettaient en antagonisme avec la Turquie et paralysaient l'efficacité des négociations diplomatiques, quand on lui demandait de traiter amicalement la Sublime Porte.

Le problème balkanique devenait chaque année, pour l'Allemagne, plus compliqué, et, sachant tout ce que je sais du travail souterrain de la politique allemande en Orient, je ne pus pas ne pas voir, en présence de la situation telle que je viens de l'exposer, qu'on était à un tournant dangereux et qu'il fallait obtenir quelque chose de plus précis et réaliser une entente formelle avec l'un ou l'autre des États balkaniques, si on voulait que l'Allemagne pût sortir, sans dommage pour son prestige, du réseau enchevêtré qui avait été tissé pendant le dernier quart de siècle.

Le fait que Guillaume II était uni par des liens de famille avec la maison régnante de Grèce lui permettait d'aider l'effort de sa diplomatie vers une entente amicale. Le roi Georges, il est vrai, était Danois, et

par suite hostile d'instinct à l'expansion allemande,
mais cependant une certaine amitié existait entre les
deux souverains. Le roi des Hellènes avait envoyé son
fils aîné faire son éducation et son instruction dans
une école militaire allemande, à une époque où l'empereur Guillaume Ier vivait encore. En sortant de
l'Académie, le jeune prince avait été attaché à un régiment prussien de la garde; et, pendant qu'il faisait
manœuvrer ses soldats sur le terrain d'exercice de
Potsdam, l'héritier du trône de Grèce rencontra la
jolie princesse Sophie, la seconde fille du kronprinz d'alors et de la princesse Victoria et en devint
amoureux. L'affection fut réciproque et, bien que le
père de la jeune fille, devenu l'empereur Frédéric III,
fût mort avant l'annonce des fiançailles, l'inclination
des deux jeunes gens resta très tendre et ils furent
mariés à Athènes à peu près un an après la mort de
l'empereur, au grand déplaisir de la reine Olga de
Grèce qui se résignait mal à l'idée d'avoir une protestante pour belle-fille. Ce nuage fut, d'ailleurs, bientôt
dissipé; car, peu de mois après son mariage, la jeune
femme se convertit à la religion grecque, conversion
qui donna lieu à une rupture entre elle et son frère
aîné Guillaume II. Pendant plusieurs années, le frère
et la sœur cessèrent de se voir et ce fut seulement
auprès du lit de mort de leur mère, l'impératrice Frédéric, qu'une réconciliation eut lieu entre eux; même
alors, elle ne fut pas très sincère.

La princesse Sophie ne se troubla pas beaucoup de cette discorde. C'est une femme intelligente, douée d'un remarquable discernement, qui a toutes les ambitions de sa mère, et certainement plus de tact. Pendant la guerre entre la Grèce et la Turquie, dans les dernières années du dernier siècle, elle fut le seul membre de la famille royale qui eût le courage de dire qu'on marchait à un désastre, et la seule qui insista auprès du roi, son beau-père, pour que la paix fût conclue avant que l'armée grecque eût été entièrement détruite. Cela lui fit au premier moment beaucoup d'ennemis, et comme on rendait le diadoque responsable de la défaite de l'armée grecque, celui-ci fut obligé de quitter avec sa famille sa patrie pour un temps considérable. Ce fut pendant son exil à Cronberg, dans le château que l'impératrice Frédéric avait construit dans les montagnes du Taunus, que l'empereur allemand commença à planter les premiers jalons de l'intimité qui l'unit bientôt à sa sœur et à son beau-frère.

Le prince Constantin était encore à cette époque un jeune homme. Son éducation avait mis en lui de fortes sympathies allemandes et le désir d'introduire l'influence et les principes parlementaires allemands en Grèce. Il était bel homme, d'aspect peut-être un peu trop lourd, mais bien de sa personne et de manières et d'allure agréables. Il avait été un moment très impopulaire dans son pays et était hanté par le désir de réparer la faute qu'il avait commise en assumant le commandement suprême de l'armée grecque, sans avoir l'expérience nécessaire pour être à la hauteur de sa tâche. Ce ne fut donc pas un malheur pour lui, quand il vit la Grèce engagée dans une nouvelle guerre; il espéra qu'il y trouverait l'occasion d'y conquérir les lauriers qu'il souhaitait ardemment. Cet espoir se réalisa et il crut que c'était surtout parce qu'il avait suivi les conseils de son beau-frère. Mais en même temps que grandit la réputation militaire du diadoque, ses relations avec son père devinrent de plus en plus tendues à raison — c'est, du moins, ce qu'on disait tout bas — des graves désaccords politiques qui s'étaient élevés entre eux. Le roi était, dans sa famille, très autoritaire et la gouvernait avec une main de fer. Il avait hérité, à ce point de vue, du caractère de son père et de sa mère, le feu roi et la reine de Danemark. Même la reine, si bonne et douce qu'elle fût, n'arrivait pas à apaiser les querelles qui éclataient à tout propos et rendaient la vie, à la cour d'Athènes, rien moins qu'agréable. Le roi Georges, qui un moment avait été en grande sympathie avec l'empereur Guillaume II, commençait à se défier de lui et ne voyait pas avec faveur l'amitié intime qui l'unissait à son fils. Le roi Georges de Grèce était un homme sage et circonspect, un souverain ayant de l'ambition, mais une ambition tempérée par une extrême prudence. Grâce, dans une large mesure, à ses mérites personnels auxquels s'ajoutait sa longue expérience de roi, il avait acquis une situation tout à fait exceptionnelle parmi les autres têtes couronnées de l'Europe, et ses conseils étaient souvent demandés aux heures difficiles par ses frères en royauté.

Il avait horreur de ce qu'il appelait « la politique d'aventure » et, sans avoir reçu les confidences de l'empereur allemand, il le soupçonnait de nourrir de sinistres desseins contre deux puissances européennes étroitement alliées, par leurs souverains, avec la maison royale de Grèce et, ce qui était plus grave, il craignait que le diadoque eût été surexcité dans ses ambitions par les agents de l'Allemagne. D'après une ancienne prophétie populaire dans le Levant, lorsqu'un roi nommé Constantin, marié à une princesse du nom de Sophie, régnerait à Athènes, la cathédrale de Sainte-Sophie devait redevenir une église chrétienne. Le roi Georges appréhendait vivement que le diadoque — sous l'influence de l'Allemagne — voulût tenter de renverser le Sultan par la force des armes et de se faire proclamer empereur de Byzance. Sa belle-fille, la princesse Sophie, partageait ses idées sur la folie de pareilles visions, et elle aussi aurait préféré que son frère Guillaume II n'intervînt pas pour se mêler de choses qui, après tout, ne le regardaient pas. Quant à la reine Olga, bien que ses relations avec le Roi fussent aussi devenues plutôt tendues pendant les dernières années de la vie de celui-ci, elle partageait les inquiétudes de son mari. Seul le prince Constantin entretenait une correspondance régulière avec son beau-frère. Une preuve d'ordre privé, dont je ne puis révéler la nature, m'a mis personnellement à même de me convaincre que Constantin avait très certainement donné, corps et âme, dans ce rêve tentateur que l'empereur Guillaume, qui n'y voyait, d'ailleurs, qu'une chimère, l'avait laissé caresser.

Le prince Constantin, je me hâte de le dire, ne resta pas longtemps sous l'empire de ses illusions. Quand le fatal coup de feu tiré sur son père le fit monter sur le trône de l'Hellade, il comprit vite l'extravagance des projets à l'aide desquels son beau-frère avait voulu le séduire. Lorsque la responsabilité du pouvoir pesa sur ses épaules, il se rendit compte que son premier devoir était de conserver le patrimoine de ses enfants. Je demande l'indulgence du lecteur en racontant ici un incident qui trouva couramment créance auprès du plus grand nombre des quelques agents politiques qui en furent informés. Sans en avoir la preuve absolue, je crois pouvoir dire qu'il est certain que quelque chose d'extraordinaire s'est produit qui a conduit le jeune Roi à changer d'attitude et que ce « quelque chose » fut, si j'en crois les rares personnes qui ont été, comme je viens de le dire, en situation de le savoir, une étrange lettre qui lui fut remise à la veille du meurtre de son père. Cette lettre lui disait en peu de mots « qu'un grand changement allait survenir dans sa situation et que dans très peu de temps il serait à même de montrer de quelle étoffe il était fait ». Malgré son ton impertinent et offensant, cette courte missive avait un air de vérité et avait produit une impression pénible sur les nerfs du diadoque. Deux jours plus tard le Roi était assassiné en plein jour dans une des rues les plus fréquentées de Salonique.

Peu après la mort du roi Georges de Grèce, j'étais de passage à Athènes et j'en profitai pour demander une audience au roi Constantin. Je lui rappelai que je l'avais connu à Berlin quand il était enfant et cela fit accueillir ma requête. Je le trouvai, dans l'ensemble, très peu changé; il me reçut très aimablement et me parla du temps où il était à Berlin avant son mariage. Il me fit beaucoup de questions sur plusieurs de ses amis de jeunesse et parut heureux d'apprendre que la plupart vivaient encore et étaient bien. Puis la conversation tomba sur les événements récents et en particulier sur l'assassinat de l'archiduc François-Ferdinand et de sa femme. A ma grande surprise le Roi n'admit pas mon explication que le meurtrier était un Serbe tout simplement poussé au crime par une haine aveugle de l'Autriche et de son futur empereur. Au contraire, il me fit observer que l'existence d'un complot avait été prouvée d'une façon irréfutable. Comment? Il ne me le dit pas, mais se contenta d'ajouter : « Je ne veux pas en dire trop, et je n'ai pas vu les hommes qui attendaient l'arrivée de l'automobile dans laquelle était l'archiduc, mais je tiens pour certain qu'il existe un lien entre eux et le Grec égaré qui a tiré sur mon pauvre père. Bien plus, je ne serais pas surpris que la même personne fût, dans l'ombre, responsable des deux crimes. »

Cette assertion du jeune Roi me laissa déconcerté. Qui, me demandai-je en moi-même, a pu avoir un intérêt à ces deux morts ? Pour qui ces deux hommes étaient-ils un obstacle ?

Je ne trouvai pas de réponse.

CHAPITRE XIX

L'ÉCHEC DES INTRIGUES ALLEMANDES EN MONTÉNÉGRO

Le vieux roi Nicolas de Monténégro n'a jamais regardé avec bienveillance les intrigues de l'Allemagne, en dépit de fortes tentatives de séduction. Il n'a même jamais voulu promettre une attitude de neutralité; il s'est refusé à se laisser lier par le moindre fil qui pût gêner son indépendance. L'influence exercée par le vieux Roi sur les races slaves était, par elle-même, un élément important dans toute entreprise se rattachant à la constitution de ce grand empire slave, dont tant de gens rêvaient en Russie et ailleurs. D'autre part, l'Allemagne avait longtemps caressé le désir de se poser en protectrice des Slaves, soit pour son compte, soit indirectement à travers l'Autriche. L'empereur Guillaume comprit que, dans l'état actuel des choses, les autres puissances ne lui permettraient pas d'exercer un protectorat dans les Balkans, et il s'aperçut vite que l'Autriche n'était pas assez forte pour être capable de se faire obéir des États balkaniques. Il devenait donc désirable de gagner l'un ou l'autre des petits souverains dont les rivalités perpétuelles faisaient rage, chacun rêvant une position d'où il pourrait défier ses voisins. Partant de ce point de vue, la diplomatie allemande eut pendant longtemps son attention portée sur le Monténégro. L'empereur allemand savait très bien que le roi Nicolas était dévoué à la Russie et, de plus, que, deux de ses filles ayant épousé des grands-ducs russes, il était naturel qu'il soutînt, dans la mesure de ses ressources limitées, la cause russe à Constantinople. Pour contre-balancer ces sympathies de Nicolas, les agents de l'Allemagne essayèrent de s'insinuer dans les bonnes grâces du prince héritier Danilo, qui, pour avoir passé quelque temps en Allemagne dans diverses occasions, était supposé devoir être un grand admirateur de la politique allemande en général, et de l'armée allemande en particulier. Chaque fois que le prince Danilo allait à Berlin, l'Empereur l'invitait à dîner ou à déjeuner et le traitait avec une amabilité particulière. Il en vint à vouloir lui trouver une femme et ce fut sous son influence directe et grâce à sa coopération que fut arrangé le mariage de l'héritier du trône monténégrin avec la duchesse Jetta de Mecklembourg-Strelitz. La duchesse Jetta était intelligente; elle se fit aimer dans sa nouvelle patrie et y serait probablement devenue populaire, si elle avait donné à son mari un héritier, mais le ménage resta sans enfants.

En même temps que la duchesse Jetta arrivait à Cettinje, les intrigues vinrent troubler la vie de la cour et furent la source de vives inquiétudes pour ceux qui, derrière la scène, surveillaient le développement de ces menées. Pour en bien comprendre le caractère et le but, il est nécessaire de jeter un regard sur le règne de Nicolas Ier de Monténégro et de noter les progrès réalisés sous son long gouvernement.

Le Roi est certainement un souverain d'un rare mérite. Il a réussi à transformer une bande de terre presque inculte en un royaume qui, si petit qu'il soit, inspire le respect, en partie à cause de sa position géographique, en partie aussi à cause de la personnalité de celui qui le gouverne. Au moment où il fut élu, bien des gens regardaient le peuple monténégrin comme une tribu tout à fait sauvage. Depuis lors, le Monténégro s'est fait un nom glorieux par la conduite héroïque de ses fils dans les guerres contre la Turquie, dans lesquelles il a pris une part éminente. Après la campagne de 1877, il fut l'objet des flatteries de la Sublime Porte, qui espéra trouver en lui un obstacle aux ambitions serbes, en même temps qu'un petit peuple dont le développement pourrait mater les aspirations de la Bulgarie, qui entreprenait alors de réaliser son désir d'indépendance. Le prince Nicolas était un homme jeune, superbe et d'aspect imposant. Il avait acquis la réputation d'un ami sûr et d'un adversaire loyal, et il avait réussi à se concilier la bienveillance et la sympathie du tsar Alexandre III, qui avait été un jour jusqu'à déclarer publiquement qu'il le considérait comme le seul ami véritable et sincère qu'eût la Russie. Ces paroles avaient eu à ce moment un grand retentissement et donné au prince Nicolas une très forte position dans les Balkans, où l'on en vint à voir en lui le dépositaire des secrets de la politique de la Russie et de ses plans sur la destinée de la cause slave en Europe. Il était assez adroit pour profiter — peut-être plus encore qu'il ne convenait — de la légende qui peu à peu se créa autour de son nom; et en bon père de famille, soucieux de l'avenir de ses nombreux enfants, il s'appliqua à trouver de bons partis pour ses six filles, qu'il avait fait élever toutes à Pétersbourg, au couvent de Smolna, établissement placé sous la protection directe de l'Impératrice. Les jeunes princesses restèrent au couvent un an ou deux après l'achèvement de leur éducation et allèrent beaucoup dans le monde, où elles furent bientôt extrêmement appréciées. Les deux aînées firent la conquête de deux princes russes, le grand-duc Pierre Nicolaïevitch et le duc Georges de Leuchtemberg et, au moment des mariages, le Tsar donna aux jeunes mariées leurs trousseaux — et aussi une dot, si tout ce que l'on raconte est exact. Le prince Nicolas — il n'était pas encore Roi — vint en Russie pour les noces et on en fit grand tapage.

Depuis le mariage de ses filles, il a fait de nombreux voyages en Russie, et n'a pas manqué d'en profiter pour servir les intérêts de son petit royaume; il fut assez habile pour obtenir finalement du Tsar la promesse d'un subside annuel qui lui est régulièrement payé jusqu'à ce jour. Le Monténégro était un pays neuf, et pauvre par-dessus le marché; aussi personne ne blâma la générosité impériale envers un homme qui avait donné tant de preuves de dévouement. Quelques personnes eurent la hardiesse de demander en quoi consistaient ces preuves, mais ces réflexions déplaisantes furent sans écho et le dévouement du Monténégro et de son Prince à la cause russe devint une de ces légendes indiscutées qu'il eût été dangereux de contester ou même de ne pas admettre. C'était la démonstration de la suprême habileté de Nicolas. En cela, comme en toutes choses, il s'était montré un diplomate consommé. Chaque fois qu'il vint en Russie, il s'en retourna comblé de promesses, tandis que lui-même restait aussi silencieux que les sphinx du désert d'Égypte.

La cinquième de ses filles épousa François-Joseph, prince de Battemberg, et il acquit ainsi la sympathie de la reine Victoria, dont la plus jeune fille, la princesse Béatrix, était mariée à un autre Battemberg, frère de François-Joseph; il obtint enfin son plus grand triomphe dans l'ordre matrimonial quand la princesse Hélène aux yeux noirs fut unie au prince de Naples, le fils unique du roi d'Italie Humbert et de la gracieuse reine Marguerite, « la Perle de la Savoie », comme on l'appelait dans son pays.

Ce fut à l'époque du mariage d'Hélène que l'empereur Guillaume II rechercha l'amitié du prince Nicolas. Détail peu connu mais absolument sûr, l'idée de cette alliance vint du kaiser, qui la suggéra au roi d'Italie. A raison du *modus vivendi* spécial existant entre la famille royale d'Italie et le Vatican, il était impossible de songer à une femme catholique pour l'héritier du trône. Comprenant combien cela rétrécissait le cercle des princesses à choisir, Guillaume II mit dans l'esprit d'Humbert qu'une des filles merveilleusement belles de Nicolas de Monténégro pourrait être un parti convenable.

A la suite de cet excellent conseil, le prince de Naples fit un voyage à Cettinje, dont l'heureux résultat fut l'annonce de ses fiançailles avec Hélène. L'empereur allemand avait fort bien su ce qu'il faisait; son idée ne pouvait procurer à tous que des avantages. Il avait pris soin de se renseigner à l'avance sur le charme et les qualités des jeunes princesses et, lorsque après son mariage il vit le prince Victor-Emmanuel ardemment épris de sa femme, Guillaume II se félicita de l'heureuse inspiration qu'il avait eue en contribuant au bonheur d'un de ses amis, et en s'assurant par surcroît la gratitude de Nicolas de Monténégro, à qui il ne négligea pas de faire savoir que ce beau mariage était en partie son œuvre.

La cour de Berlin et le Quirinal avaient d'excellents rapports de vieille date et, par suite, Guillaume II se crut sûr d'exercer, par cet intermédiaire, quelque influence sur le prince de Monténégro pour l'amener à favoriser les plans de l'Allemagne.

Vint un jour où le kaiser se risqua à faire nettement appel au Quirinal et à demander au jeune roi (peu de temps après son avènement) si, le cas échéant, il consentirait à servir de médiateur en vue d'établir les bases d'une alliance défensive et offensive entre l'Allemagne et le Monténégro. Victor-Emmanuel déclina la proposition sous le prétexte que son beau-père était un homme de caractère si autoritaire qu'il ne se hasarderait jamais à lui insinuer quoi que ce soit, spécialement sur ce qui touchait à la politique. Ce refus poli ne découragea pas Guillaume II, qui entreprit la besogne à lui tout seul et m'envoya à Cettinje avec des instructions secrètes pour sonder le prince — il l'était encore — et savoir quelles étaient ses idées à ce sujet.

Je me rendis donc dans la capitale monténégrine et fus aussitôt reçu par le prince Nicolas avec la simplicité aimable avec laquelle il accueillait tous ses visiteur. Le palais, comme on l'appelait un peu pompeusement, ressemblait plutôt à ce qu'est la maison de campagne d'un gentilhomme de petite fortune en Europe; la seule chose caractéristique que j'y remarquai fut le nombre d'hommes armés jusqu'aux dents, qui se pressaient autour de la demeure, non pas pour assurer la protection de la maison royale, mais pour demander quelque chose à leur souverain, solliciter ses conseils ou lui soumettre quelque plainte. Il écoutait tout le monde comme un père plutôt que comme un souverain. On ne pouvait s'empêcher d'être frappé de cette familiarité qui unissait le peuple à son roi; elle était si parfaitement naturelle et si différente de ce qu'on était habitué à voir partout ailleurs, qu'on en gardait un souvenir inoubliable. Le prince remarqua ma surprise, mais se borna à sourire et me dit avec bonne humeur : « Vous n'êtes pas en Europe; » ajoutant, « nous vivons ici plus simplement qu'à Berlin. »

Après avoir pris du café et fumé une pipe, Nicolas commença à m'interroger sur les motifs qui m'amenaient à Cettinje et voulut savoir si j'étais chargé de quelque mission. J'éludai la question en lui expliquant que le désir de voir un pays neuf m'avait poussé à faire une excursion dans les Montagnes Noires. Il n'insista pas et se mit tout de suite à me parler de l'empereur Guillaume : « Il a été plein de bonté pour moi, me dit-il, et mon désir serait de lui être de quelque utilité. Je le tiens pour un souverain sage, toujours préoccupé des besoins de ses sujets. Et je pense à la responsabilité qui pèse sur lui. La paix du monde est entièrement dans ses mains. »

— « L'Empereur a toujours travaillé à maintenir la

paix, répondis-je, et une des raisons pour lesquelles il admire tant Votre Altesse est qu'il sait qu'elle fait la même chose dans la Péninsule balkanique. »

— « Oui, mais que puis-je? reprit le prince. Je suis si impuissant en face de toutes ces rivalités qui s'agitent autour de nos frères slaves et de la cruauté et de l'oppression des Turcs à leur égard. Je fais ce que je peux, mais que de fois les événements ont été plus forts que moi. Nous sommes menacés de tous les côtés et l'Autriche ne manque pas une occasion de nous montrer qu'elle voudrait détruire notre indépendance. D'où la conséquence que l'Autriche est haïe par tous les Slaves qui saisissent tous les prétextes pour l'attaquer. Regardez ce qu'elle fait en Bosnie. Elle est décidée à l'annexer ainsi que l'Herzégovine. Et croyez-vous que les populations slaves de la Péninsule ne se soulèveront pas contre cette entreprise? Et alors, puis-je faire autrement que de les suivre et de les aider à défendre leurs droits? Ah! si j'étais le roi de Serbie ou Ferdinand de Bulgarie, je pourrais essayer de parler le langage de la raison, parce que j'aurais dans les mains de quoi imposer mon autorité; mais je ne suis qu'un pauvre petit prince sans conséquence, obligé de suivre les autres, qui me disent souvent de retenir ma langue, parce que, parmi tant de rois, je n'ai pas de place. »

Je me hâtai de répliquer :

— « Si ce qu'on dit est vrai, Votre Altesse a été plus

d'une fois invitée à changer son titre pour celui de souverain, mais elle a toujours refusé. »

— « Ah! on vous l'a dit aussi; mais, croyez-moi, c'est tout à fait inexact. Mes sujets ont pu souhaiter de me donner le titre de roi, mais à quoi cela me conduirait-il? C'est à l'Europe qu'il appartient de dire à ce sujet le mot décisif, et tant qu'elle ne prendra pas l'initiative de cette idée ou, du moins, ne l'encouragera pas, il ne peut être question pour moi de rien faire, en présence de son silence. »

— « Oh! mais mon empereur prendra très volontiers cette initiative, me hasardai-je à dire; il voudrait seulement savoir quelles sont les vues de Votre Altesse sur la politique générale. L'Empereur est dans des termes d'étroite amitié avec le Sultan; il lui serait donc difficile d'encourager des démonstrations d'hostilité contre celui-ci, et le Monténégro n'a jamais été un ami de la Turquie. »

— « N'a jamais été? C'est vrai si on regarde le passé, interrompit le prince. Mais ces temps héroïques ont disparu sans retour, j'espère. Pourquoi, après tout, ne vivrions-nous pas en paix avec l'Islam? Nous ne demandons aux musulmans que de nous laisser tranquilles et de ne pas opprimer et persécuter nos frères de race et de foi. Si votre empereur, grâce à ses bonnes relations avec le sultan, peut nous obtenir ce bienfait, alors certainement le Monténégro se trouvera dans l'obligation de le suivre dans sa politique bien plus que s'il se donnait la peine de m'aider personnellement à obtenir un titre qui, s'il ajoute considérablement à mon autorité, n'ajoutera rien à mon bonheur. »

— « Je suis sûr que l'influence de mon souverain s'exercera toujours en faveur de la cause de l'humanité, répondis-je, et le seul fait qu'il m'a demandé de profiter de l'occasion, qui pourrait s'offrir à moi au cours de mon voyage dans ce beau pays, pour me faire une idée des intentions de Votre Altesse, suffirait à le prouver. Il est convaincu que le Monténégro peut avoir une influence prépondérante sur la situation générale dans les Balkans et il serait pour lui, j'en suis sûr, d'un sérieux intérêt de savoir quel parti vous prendrez dans un conflit, s'il survenait quelque complication, ou si vous garderez une stricte neutralité. Votre Altesse voudra bien, je pense, reconnaître avec moi que la décision du Monténégro de rester neutre entraînerait certainement la neutralité des autres États balkaniques ».

— « Il m'est très difficile de dire ce que je ferais, répliqua Nicolas sur un ton de gravité calme, mais, si je pouvais marcher sur un pied d'égalité avec la Serbie et la Bulgarie et si le Monténégro n'était plus la pauvre petite principauté qu'il est aujourd'hui, alors, sans aucun doute, je ferais tout ce qui serait en mon pouvoir pour persuader ceux qui voudraient bien m'entendre qu'ils devraient, eux aussi, faire ce qui dépendrait d'eux pour empêcher une conflagration,

au cas où un pareil malheur, que Dieu écarte, viendrait
à surgir, de s'étendre au delà de ses premières
limites. »

Quelle qu'ait été mon insistance, je ne pus amener
le prince à me découvrir ses vues sous une forme plus
claire ou plus catégorique. Il resta impénétrable et je
le quittai avec la conviction que le seul moyen d'arriver
à espérer sa sympathie serait de l'aider dans son
ambition de devenir roi.

Les historiens devront se souvenir que, quand le
prince Nicolas fut proclamé roi un peu plus tard, ce
fut le cabinet de Berlin qui se remua avec le plus de
zèle pour obtenir la reconnaissance de cette souveraineté
nouvelle et l'érection de la principauté en
royaume.

Quand ce fut fait, Nicolas vint voir Guillaume II à
Berlin, dans le but ostensible de lui porter ses remerciements.
L'Empereur le reçut avec plus de chaleur
encore qu'il ne l'avait fait lors de ses précédentes visites
et essaya d'obtenir de lui une déclaration un peu
nette sur le sujet délicat de l'influence de l'Europe
dans les Balkans. Mais il ne tarda pas à se rendre
compte que peu d'hommes possédaient, au même
degré que le nouveau roi de Monténégro, l'art de ne
jamais se laisser aller à exprimer leur sentiment sur
une question scabreuse.

Peu de temps après, quand ses troupes eurent pris
d'assaut Scutari d'Albanie, Nicolas fut abordé par un

agent allemand. Il refusa de rien entendre, tant qu'on ne lui aurait pas promis de le laisser définitivement en possession de Scutari. C'était impossible, parce que l'Allemagne était dans des liens inextricables qui l'obligeaient à soutenir la Turquie, et c'est ainsi que Nicolas — le souverain du plus petit royaume de l'Europe — fut conduit à jeter le gant et à suivre l'exemple de la Russie et de l'Angleterre, en déclarant la guerre à l'Allemagne.

CHAPITRE XX

LE TSAR FERDINAND DE BULGARIE

Mon voyage à Sofia pour voir le roi de Bulgarie, ou le Tsar si on préfère, fut motivé par une de ces missions secrètes dont me chargeait la Wilhelmstrasse quand elle désirait savoir certaines choses qu'il eût été difficile de découvrir par un canal officiel. On me savait grand amateur de voyages; en jouant le rôle d'un enfant terrible à qui les années n'ont pas appris la discrétion, je me faisais pardonner beaucoup d'incartades et, en fin de compte, je parvenais à rendre certains services à l'Empereur et au *Fatherland*, services qui eussent été à peu près irréalisables dans d'autres conditions.

Quand, dans mon soi-disant voyage d'agrément, je débarquai à Sofia, le traité de Bucarest venait d'être signé, et le territoire des Balkans portait encore la trace de l'ouragan dévastateur. La Bulgarie avait été humiliée jusqu'à terre et la Serbie, bien que triomphante en apparence, avait acheté sa victoire au prix d'énormes sacrifices. La Grèce ne se portait pas beaucoup mieux ; si elle était dans une situation un peu plus satisfaisante, elle le devait uniquement à la rare intelligence de son premier ministre, M. Vénizelos.

L'empereur Guillaume avait été plutôt peiné de la défaite du roi de Bulgarie. Il avait l'admiration du succès et, dans le cas de Ferdinand de Cobourg, cette défaite était le seul faux pas dans une carrière marquée par des progrès constants. Le roi Ferdinand était le plus jeune fils d'une famille qui, par des prodiges de patience et d'habileté, avait réussi à se pousser très haut et à prendre possession de plusieurs trônes en Europe. Les Cobourg ont toujours été une race ambitieuse et le roi actuel de Bulgarie n'est pas une exception dans sa Maison.

Quand le prince Ferdinand fut invité à assumer la tâche que le prince Alexandre de Battemberg avait jugée au-dessus de ses forces, il consulta sa mère, la célèbre princesse Clémentine d'Orléans. La Princesse était une de ces femmes nées pour les grandes choses, faites sur le modèle de Marie-Thérèse ou de la Grande Catherine, mais que le Destin avait contrainte à occuper toute sa vie une situation inférieure dans laquelle ses facultés étaient restées sans emploi. Son mariage n'avait pas été heureux et ses fils n'avaient pas non plus satisfait ses ambitions maternelles. Elle vit tout à coup, au déclin de sa vie, la possibilité de réaliser les rêves et les désirs secrets de sa jeunesse et, sous le nom de son enfant préféré, d'avoir enfin quelque chose à dire dans les questions pouvant influer sur les destinées de l'Europe. La princesse Clémentine avait de grandes ambitions. Amie des Jésuites et soutien de l'Église catholique partout où elle passait, elle avait élevé le prince Ferdinand avec un soin particulier et l'avait tenu si complètement sous son aile qu'il avait contracté, avec la passion des belles parures et des bijoux, des goûts plutôt féminins; mais en même temps elle avait très fortement développé en lui l'amour de la littérature et des arts et il était devenu, au point de vue intellectuel, un homme cultivé et remarquable.

Lorsque la Princesse conseilla à son fils d'accepter l'élection qui le faisait Prince de Bulgarie, elle entendit ne pas lui laisser faire de faux pas et lui apporter l'appui de son expérience et de ses vastes ressources. Elle l'accompagna à Sofia où elle s'installa pour y employer ses rares facultés d'esprit et sa grande intelligence et aider le nouveau Prince à se rendre populaire. Elle ouvrit sa porte aux représentants de tous les partis, sourit à M. Stambouloff, serra les mains de M. Radoslavoff et attira chez elle tous les hommes en vue, pour qui elle fut de la plus parfaite affabilité, sans paraître remarquer leur manque de manières et l'incongruité de leur tenue à table. Elle invita même les membres du clergé national dans sa maison hospitalière et se mit à discuter avec eux la possibilité d'une union avec Rome; elle avait un ardent désir de réaliser cette union.

Elle dépensait sans compter, se montrant plus que généreuse chaque fois qu'une occasion se présentait d'ouvrir sa bourse. Elle s'intéressait aux questions d'éducation, favorisait la création de nouvelles écoles, et beaucoup de celles qui existaient déjà en Bulgarie obtinrent d'elle de larges subsides. Bien qu'on sût qu'elle n'avait d'autre ambition que celle de servir la fortune de son fils, elle s'attacha cependant à se faire des amis personnels dans le camp même des adversaires du régime ; des hommes de tous les partis étaient heureux de faire appel à son jugement et de recourir à son intermédiaire lorsqu'ils avaient à négocier avec le Prince. Elle poussa son fils à commencer la construction du merveilleux palais d'Euxinograd, qui devint une des plus belles choses de l'Europe. La prévoyante Princesse avait une arrière-pensée quand elle donna ce conseil à Ferdinand. Elle voulait qu'il eût un refuge d'où, si cela devenait nécessaire, il pût défier une révolution éclatant à Sofia et où il fût à l'abri d'un attentat, d'un assassinat ou d'un enlèvement. Elle se souvenait de ce qui était arrivé au pauvre prince Alexandre de Battemberg. Euxinograd est bâti sur le bord de la mer et de ses tours on jouit d'un panorama extraordinaire. Un yacht toujours mouillé dans la rade devait permettre la fuite en cas de danger. La princesse Clémentine ne laissait jamais rien au hasard. Son fils avait hérité de cette extrême prudence alliée à une résolution inébranlable et à une force de volonté presque farouche ; il en a donné maintes preuves depuis qu'il est sur le trône.

Quand le prince Ferdinand arriva à Sofia, il y trouva une situation extrêmement difficile. Aucune des grandes Puissances n'était disposée à le reconnaître. La Russie entendait l'ignorer et le tsar Alexandre III avait déclaré que, moins il entendrait parler de lui, plus il serait heureux. C'était un gros obstacle sur la route du nouveau souverain et personne ne crut d'abord qu'il pourrait garder le pouvoir. L'Europe avait pour Ferdinand les plus mauvais sentiments ; mais il s'installa à Sofia sans se rendre compte, d'une façon tout à fait exacte, que personne ne voulait considérer sa situation comme stable ou même légitime et il se mit à gouverner le pays qui l'avait placé à sa tête avec un sang-froid et une détermination qui impressionnèrent. On le trouvait toujours gai, toujours aimable, toujours agréable. Il avait chaque matin avec son cuisinier de longues conférences qui préparaient de sérieuses satisfactions à ceux qui s'asseyaient à sa table et il affichait une parfaite indifférence pour les critiques de ses adversaires. Au bout de peu de mois le monde cessa de rire de lui, et au bout de peu d'années ce fut lui qui se moqua du monde.

Tout de même, ces premiers jours de souveraineté furent une dure épreuve pour le Prince. Entre autres choses, Ferdinand découvrit, presque aussitôt après qu'il eut mis le pied sur le sol bulgare, qu'un fort parti intriguait contre lui. Il avait constaté que le seul homme puissant de Sofia était M. Stambouloff, qu'on avait surnommé le « faiseur de rois » et dont le moindre mot faisait loi. M. Stambouloff et le prince Ferdinand ne se plurent pas, étant tous deux des hommes d'opinions arrêtées et de caractères très cassants, avec, pourtant, une différence essentielle. L'homme d'État bulgare, avec tous ses défauts et une nature un peu cruelle, était incapable de duplicité. Le prince Ferdinand, au contraire, avait été élevé dans la croyance que la fin justifie tous les moyens. Il ne fallut pas longtemps pour que ces deux hommes fussent en antagonisme déclaré. Stambouloff déclara crûment qu'il ne pouvait entrer dans les vues du prince et ne prit pas la peine de cacher ses raisons.

Il advint que M. Stambouloff fut assassiné un soir en rentrant chez lui. Il était très populaire; bien des gens le regrettèrent sincèrement, mais en même temps le sentiment se répandit dans tout le pays que son hostilité contre le prince aurait pu faire naître, dans l'avenir, de sérieuses difficultés.

Avec Ferdinand la prospérité augmenta, le peuple reconnut en lui un chef selon son cœur et le pays entra dans une ère de progrès. Entre temps il avait épousé la princesse Marie-Louise de Bourbon-Parme, l'aînée des dix-neuf enfants du duc de Parme exilé. C'était une femme douce, aux jolis yeux couleur de noisette, et éminemment séduisante. Elle eut une triste vie de mariée et elle a dû regretter plus d'une fois le parc de la Villa Pianore, près de Lucques, où elle avait passé son enfance. Ferdinand la traitait avec une rudesse d'autant plus surprenante qu'il s'appliquait en général à être poli pour tous ceux avec lesquels il était en contact; mais le caractère droit et ouvert de la princesse lui portait sur les nerfs. Il ne faut donc pas s'étonner que Ferdinand et sa gentille femme se soient séparés et que la princesse Clémentine ait continué à être l'âme de la petite cour de Sofia; ses paroles firent loi et son influence et son autorité furent au-dessus de toute discussion.

Pendant plusieurs années Clémentine gouverna vraiment sous le nom de son fils et, pendant cette période, le développement de la Bulgarie fut surprenant. La princesse ne laissait jamais passer une occasion d'aider au progrès de la Principauté, bien qu'elle répétât que c'était le prince seul qui, par son initiative, réalisait les différentes réformes qu'elle menait à bien avec une inlassable activité. La mère de Ferdinand était aimée et appréciée dans toutes les Cours de l'Europe et y défendait les intérêts de Ferdinand avec une énergie tout à fait remarquable chez une femme de son âge. La mère et le fils avaient l'un pour l'autre une chaude et solide affection et le prince avait le bon sens d'écouter les conseils. Subissant l'influence des Jésuites, la princesse Clémentine avait le ferme espoir de ramener l'Église bulgare dans le giron de Rome.

Ce serait une trop longue histoire, avec des ramifications dont nous ne pouvons mettre en relief tous les détails, d'expliquer les moyens politiques à l'aide desquels elle pensait réaliser son désir. Il suffit de dire que son grand dessein, dont est née la constante et ardente espérance de Ferdinand, a été de faire un jour reconnaître le prince de Bulgarie comme le chef de l'Église chrétienne en Orient et de le faire consacrer en cette qualité sur les marches de l'autel de la cathédrale de Sainte-Sophie à Constantinople.

La princesse Clémentine eut en mourant la satisfaction de penser qu'aucune mère n'avait jamais fait plus qu'elle pour un fils. Les vieux antagonismes intérieurs avaient été apaisés, la froideur glaciale de l'Europe avait fondu et, au lieu d'être un prince à peine toléré, Ferdinand était en passe de devenir un roi, de voir sa principauté érigée en royaume et de devenir, par l'influence de sa mère, une force décisive dans la politique orientale.

Des relations très amicales s'étaient nouées entre la princesse Clémentine et l'empereur allemand, qui, après avoir hésité quelque temps à lui être favorable, lui avait tout à coup montré une grande bienveillance. La fine vieille dame avait fort bien compris que ce serait un coup de maître de gagner à son fils la faveur de Guillaume II, sans paraître pressée de l'obtenir. Le kaiser, toujours à l'affût de ce qui se passait en Orient, et préoccupé de s'assurer des alliés capables de contre-

carrer l'action de la Russie dans les Balkans, fut trop
heureux de voir la princesse Clémentine s'adresser à lui
quand surgirent certaines difficultés. Aussi s'empressa-
t-il de lui offrir ainsi qu'au prince Ferdinand tout l'appui qu'il était en son pouvoir de leur donner. Il amena
le gouvernement autrichien à oublier que le prince
avait accepté le trône malgré l'opposition de la Ball-
Platz, et il arrangea une entrevue entre celui-ci et
l'empereur François-Joseph, qui fut le premier pas
vers la reconnaissance officielle de Ferdinand comme
souverain de la turbulente Bulgarie.

C'était un résultat important, mais tant que vécut
le tsar Alexandre III, le prince Ferdinand ne sentait
pas sa situation assurée à Sofia. Le tsar ne pouvait pas
digérer « cet aventurier », comme il l'appelait, qui, au
mépris de la Russie et des vues de cette puissance,
avait eu la témérité de s'installer en Bulgarie. Guillaume II essaya un jour de dire au tsar que le prince
Ferdinand n'était pas après tout un mauvais homme,
mais il n'obtint aucune réponse. Les choses restèrent
donc en l'état jusqu'au moment où le monde apprit
avec émotion qu'Alexandre III était mourant. Presque
aussitôt Nicolas II lui succédait.

Ce fut alors que l'empereur allemand, toujours
enclin aux grands desseins, fit, pour gagner la faveur
de la Russie, une suggestion qui rencontra l'entière
sympathie de la princesse Clémentine, à qui il en fit
part, et reçut même l'approbation tacite des Jésuites,

dont l'influence sur elle était si grande. A l'insu de Guillaume II, la même idée était déjà éclose dans l'esprit d'un autre. Le projet était que le prince Ferdinand fit baptiser publiquement ses enfants dans la foi grecque orthodoxe. Ce qui suivit cette proposition va être le sujet d'un autre chapitre.

CHAPITRE XXI

L'HISTOIRE D'UNE CONVERSION

Venant, comme on va le voir, de gens qui avaient toujours été considérés comme les fermes soutiens de l'Église romaine, l'idée de rebaptiser le Kronprinz Boris, dont nous venons de parler, apparaissait au premier abord comme monstrueuse. En réalité elle était moins extraordinaire qu'elle ne semblait. L'Église orthodoxe grecque ne se confondait pas avec l'Église nationale bulgare, bien qu'on les crût en général identiques. L'Église grecque en Orient est sous l'autorité du patriarche de Constantinople ou du Saint-Synode de Pétersbourg, tandis que l'Église bulgare est indépendante et possède sa hiérarchie propre. Les chefs de l'Église bulgare étaient en état de révolte continuelle contre les efforts persistants tentés pour la soumettre à la domination de la Communauté de Constantinople et de son patriarche.

La princesse Clémentine avait longtemps travaillé à Rome pour obtenir la reconnaissance de l'Église bulgare par le Pape, et la ramener ainsi dans le giron de l'Église romaine. Elle était aidée dans cette entreprise par les Jésuites, qui avaient établi des écoles et des collèges en Bulgarie et qui se remuaient avec succès pour entraîner la masse du peuple à favoriser la réunion de l'Église nationale avec la communauté latine. Il n'y avait rien dans les dogmes de cette Église qui pût être considéré comme nettement en contradiction avec le catholicisme. En conséquence, soutenait la princesse Clémentine, il était facile d'amener une fusion entre ces deux forces qui, agissant à l'unisson, pourraient devenir un facteur très important dans la politique européenne. Une réconciliation avec Rome ne pouvait manquer de rendre le prince Ferdinand très populaire.

Avant même la mort d'Alexandre III, la question de la conversion du fils aîné de Ferdinand s'était posée. Un ami intime du Prince l'avait abordée dans une conversation avec le prince Lobanoff, qui venait d'être mis à la tête du ministère russe des Affaires étrangères. Cette conversation avait eu lieu à Paris, où le prince Lobanoff prenait un court congé. Elle s'était engagée sur les boulevards, au Café Anglais, où le confident du projet ambitieux du prince Ferdinand avait invité l'homme d'État russe à dîner. Le prince Lobanoff n'avait pas répondu à ces ouvertures, ne se souciant pas de se compromettre à la légère, mais, à son retour à Pétersbourg, il réfléchit et pensa que cette idée pourrait fournir un bon prétexte à une réconciliation entre la Bulgarie et la Russie. Alexandre III venait de mourir et Nicolas II n'avait pas la même hostilité contre le prince Ferdinand. Quand donc celui-ci s'adressa au gouvernement russe pour demander si le Tsar approuverait le rebaptême de son jeune fils selon les rites de l'Église grecque, sa requête reçut un accueil favorable. Le Tsar promit même de se faire représenter à la cérémonie et le prince Ferdinand se hâta de rendre sa décision publique aussitôt qu'il fut assuré de l'agrément officiel de la Russie.

A la grande surprise du prince Ferdinand, un assez grand nombre de personnes en Bulgarie désapprouvèrent son projet, et parmi elles sa propre femme, la princesse Marie-Louise. Son âme honnête et son cœur simple refusèrent d'admettre une telle apostasie inspirée par la politique, et ses convictions de catholique romaine rigide se révoltèrent à la pensée que son enfant serait élevé dans une autre foi que la sienne. Elle commença par déclarer que jamais elle ne donnerait son consentement, et, quand on lui fit savoir que son approbation ou son refus seraient sans portée, elle manifesta la résolution de quitter Sofia plutôt que de sanctionner par sa présence un acte qu'elle condamnait absolument. La princesse Marie qualifia cet acte de concession politique honteuse non pas aux nécessités de la situation, mais à l'ambition personnelle de son mari.

Elle espéra un instant que le pape viendrait à son

aide et lui écrivit pour implorer son assistance. Mais Léon XIII était un politique bien trop habile pour faire autre chose que de la plaindre et de la réconforter. Léon XIII n'était pas, d'ailleurs, sans savoir quelque chose de la conversion projetée, car la princesse Clémentine avait passé plusieurs semaines à Rome juste avant que la princesse Marie-Louise y adressât son pathétique appel. Elle avait eu des conférences avec plusieurs prélats et, entre autres, avec le préfet de la Congrégation de la Propagande, le cardinal Ledochowski, un Polonais, dont le désir secret, depuis qu'il avait reçu le chapeau, était d'amener une réunion entre l'Église latine et l'Église grecque. Il détestait la Russie et pensait que l'établissement d'un *modus vivendi* permettrait aux Jésuites de faire accepter dans les Balkans la discipline de l'Église de Rome et porterait certainement un grand coup à l'influence russe. En tout cas c'était une partie à jouer et les Jésuites entrèrent avec zèle dans le jeu. L'archevêque de Sofia fut avisé que, s'il voulait aider le prince Ferdinand et travailler avec lui à une réconciliation entre son clergé et l'Église de Rome, le siège de Sofia serait érigé en patriarchat, qu'il en serait le chef et serait ainsi relevé du devoir d'obéissance envers le patriarche de Constantinople.

En échange de cette promotion, il devrait permettre aux Jésuites de s'installer librement dans toute la Bulgarie, d'y ouvrir des écoles et d'y faire des conversions. Il reçut un message du Pape lui-même lui disant que la bénédiction de Dieu l'accompagnerait s'il s'employait à assurer le bonheur spirituel de la Bulgarie et aidait l'Église de ce pays à garder sa situation d'Église nationale et indépendante; et, finalement, des sommes d'argent importantes furent mises à sa disposition, ce qui ne fut pas sans quelque influence sur sa décision.

Dans cette aventure — c'est le mot qui convient — chacun fut dupeur ou dupe. Le ministère des Affaires étrangères russe crut qu'en entrant dans les vues du prince Ferdinand, il briserait définitivement ses liens avec l'Autriche; le Vatican espéra réaliser l'union de l'Église latine et de l'Église grecque, objet, depuis des siècles, de ses secrets désirs; l'Autriche pensa que l'influence des Jésuites la rendrait populaire dans les Balkans, où elle savait qu'elle n'était pas aimée; la princesse Clémentine se dit que la position de son fils bien-aimé deviendrait plus sûre et plus forte après le dur sacrifice auquel il se résignait pour consolider sa dynastie; le prince Ferdinand comptait, en faisant ce pas, hâter la réalisation du rêve qu'il caressait de se faire reconnaître roi de Bulgarie; l'empereur Guillaume seul n'en attendait rien, parce qu'il savait que ses suggestions avaient déjà porté leurs fruits et que, quoi qu'il arrivât, il ne pouvait en résulter pour lui que des avantages.

Un curieux incident dans cet étonnant épisode historique me fut conté un peu plus tard. Il paraît qu'après le départ de l'envoyé du Tsar venu pour représenter son souverain à la cérémonie du baptême, Ferdinand écrivit à Guillaume II pour lui raconter la cérémonie, ajoutant que la seule chose qu'il regrettait était de n'avoir pas pu en faire prendre une photographie qu'il aurait été heureux d'envoyer à Berlin, mais qu'il s'était heurté à l'opposition de l'archevêque de Sofia. Il finissait en ces termes : « Je suis sûr que Votre Majesté, avec le sens de l'humour qu'elle possède, en aurait apprécié la saveur. »

Quelques mois après, le prince Ferdinand alla en Russie pour offrir au Tsar ses compliments à l'occasion des fêtes du couronnement. A Moscou, il fut plus ou moins évité par tout le monde; la famille impériale elle-même le traita avec une certaine réserve. A quelques personnes choisies il ouvrit son cœur, et, après leur avoir parlé de la conversion de son fils, il ajouta que lui-même étudiait la religion orthodoxe et pensait à se convertir à son tour. Le monde lui avait prêté, dit-il, des arrière-pensées indignes qui n'avaient jamais été dans son esprit : « J'espère, continua-t-il, que mes enfants régneront en Bulgarie après que je serai mort et oublié; et j'ai fait ce que je croyais être mon devoir pour aplanir leur route dans l'avenir. Un souverain qui a une autre religion que celle de son peuple se trouve toujours, pour une raison ou pour une autre, exposé à un désaccord avec lui. J'ai voulu mettre mon fils à l'abri de cet écueil et c'est pourquoi j'ai décidé qu'il valait mieux pour lui entrer dans la religion qui est celle de son pays. » Ferdinand fit, pourtant, quelque chose d'utile pendant les semaines qu'il passa à Moscou. Il eut plusieurs entrevues avec l'ambassadeur d'Allemagne, le prince Radolin, et, par l'entremise de celui-ci, fit parvenir à Guillaume II ses impressions personnelles sur ce qu'il avait vu et observé.

Avant de prendre congé de l'Empereur et de l'Impératrice, il avait exprimé le désir de leur présenter sa femme, la princesse Marie-Louise, qui était rentrée à Sofia venant de la Riviera, où elle avait passé quelques mois après son brusque départ de Bulgarie. L'Impératrice de Russie répondit qu'elle serait charmée de faire la connaissance de la Princesse; le programme de la visite fut immédiatement fixé par le prince Ferdinand lui-même.

Dix-huit mois plus tard, environ, il revint donc en Russie, cette fois accompagné de sa femme. Ils furent reçus à Péterhof en grande pompe. Le petit prince Boris était avec ses parents, sous la surveillance de son gouverneur, un moine bulgare, qui ne le quittait jamais et dont la présence à côté de l'enfant provoquait une grande curiosité et même un certain intérêt à Pétersbourg. La Princesse gagna tous les cœurs et la visite fut un plus grand succès qu'on n'avait pu l'espérer.

Le prince Ferdinand, encouragé par cette réception, conçut le projet de visiter les autres Cours européennes et l'aurait probablement mis à exécution si le destin n'en avait décidé autrement. La princesse Marie-Louise mourut en couches d'une mort prématurée et son mari dut se résigner à quelques mois de recueillement.

La mère de Ferdinand se hâta de revenir près de lui, accourant de Vienne au milieu de l'hiver, et s'installa au palais de Sofia. Elle prit en main l'éducation des enfants sans mère et veilla sur eux avec un dévouement qui ne laissa rien à désirer. Sous sa direction les deux garçons se développèrent d'une façon tout à fait merveilleuse, physiquement et intellectuellement. Elle obtint leur confiance et, en les entourant de tendresse, les gouverna sans le plus léger tiraillement.

Le prince Ferdinand lui laissa dans sa maison infiniment plus d'autorité qu'il n'en avait jamais accordé à sa femme. En politique, aussi, il ne fit jamais un pas sans son avis et son concours; et quand la Princesse mourut à son tour, avec elle disparut la véritable souveraine de la Bulgarie.

Tant que vécut la princesse Clémentine, les ambitions du prince Ferdinand furent tenues sous un voile qu'il se hâta de déchirer dès qu'elle ne fut plus à ses côtés. Il était décidé à avoir un diadème royal à son front, et comme les circonstances ne se prêtaient pas tout à fait à la réalisation de son désir, il n'eut plus

dans la tête que d'aider le destin. Il s'était attelé avec
ténacité à la réorganisation de l'armée bulgare et avait
même songé à demander des instructeurs militaires
allemands, au grand déplaisir du général Staff, à Pétersbourg. Cette tâche accomplie, le souverain de Bulgarie
crut que le moment était venu où il était de force à
jeter aux échos de l'Europe une proclamation conver-
tissant sa principauté en royaume, et, pour être sûr de
mener à bien cette opération désirée, il demanda à son
grand ami Guillaume II de l'appuyer du poids de son
influence. L'empereur allemand fut enchanté, mais il
était beaucoup trop fin pour s'engager à fond dans
une aventure qui ne l'intéressait pas personnellement.
En conséquence, il conseilla simplement à Ferdinand
de se tourner vers l'Autriche.

CHAPITRE XXII

LA RÉDUCTION DE LA TURQUIE

Quand, après les premiers jours de la guerre actuelle, on commença à chuchoter que la Turquie pourrait bien être amenée à y prendre part, bien des gens en rirent aux éclats. Quel profit, demandaient-ils, pouvait-elle espérer en se jetant dans un conflit dont il était indiscutablement plus avantageux pour elle de surveiller l'évolution dans la situation d'une puissance neutre? Elle sortait à peine d'une guerre qui, sans un incident imprévu, aurait pu finir pour elle en désastre. L'Albanie lui avait été définitivement enlevée et bien qu'elle conservât l'espoir de reconquérir cette province, aucune personne raisonnable ne pensait que cet espoir pût jamais être réalisé.

Son intérêt immédiat — il le semblait du moins — était de rester tranquille et de profiter des circonstances pour réorganiser son armée, ses finances, et l'ensemble de son administration pendant que ni la Russie, ni la France, ni l'Angleterre, ni aucune autre puissance au monde ne pouvait se mêler de ses affaires.

Quand donc le bruit se répandit que la Turquie avait tout à coup manifesté des tendances belliqueuses et allait chercher querelle à son ennemie traditionnelle la Russie, ses amis et ses ennemis s'accordèrent pour dire qu'un accès de folie pourrait seul expliquer une pareille conduite, à moins qu'elle ne fût inspirée par des raisons dont personne ne soupçonnait rien.

Je vais essayer d'expliquer à mes lecteurs ces dessous mystérieux, mais je les préviens, en même temps, qu'il est fort possible que mon explication ne soit pas rigoureusement exacte; les intrigues ont été menées dans une ombre épaisse et je ne suis pas sûr d'en bien connaître tous les fils. Mais ce que je sais est suffisant pour montrer clairement quelles sortes d'influences ont été mises en jeu pour persuader à la Turquie qu'un pas hardi en faveur de la Duplice — car l'Italie s'abstenait — procurerait d'innombrables avantages à l'Empire ottoman et le restaurerait dans son rang de grande puissance.

Quand la seconde guerre balkanique se termina par un triomphe inespéré pour la Turquie, et que l'armée ottomane eut recouvré une partie des territoires qu'elle avait perdus, il eût été encore possible de contraindre la Sublime Porte à abandonner Andrinople, si l'Europe avait décidé unanimement que cette ville devait rester aux mains de la Serbie ou de la Bulgarie. Malheureusement l'Europe n'était pas du tout d'accord sur ce point. Le malheur était que ni la Serbie, ni la Bulgarie, n'inspiraient grande sympathie. La Bulgarie, à raison de sa mauvaise foi et de la cruauté impitoyable qu'elle avait montrée dans son agression contre ses frères slaves, était considérée comme une nation fausse et perfide; de plus, elle s'était attiré la complète indifférence de la Russie. D'autre part, la Serbie avait à compter avec l'invincible antagonisme de l'Autriche, et jamais cette puissance n'aurait consenti à lui laisser garder une aussi importante place forte qu'Andrinople.

Dans ces conditions, la position des différents cabinets, qui avaient la tâche de hâter la conclusion d'une paix d'une nécessité si pressante non seulement pour les belligérants mais pour toute l'Europe, pour qui cette éternelle question balkanique était une source de dangers constants, devint très difficile. Quand donc l'Allemagne, par l'intermédiaire de son ambassadeur à Londres, le prince Lichnowsky, tenta de suggérer que le mieux à faire serait d'accepter tacitement les faits accomplis et de laisser Andrinople aux mains des Turcs, il y eut autour de la table un sentiment de soulagement. On dit à la Turquie qu'à la condition qu'elle voulût bien se comporter comme un enfant sage, on lui permettrait de conserver la possession de la ville qu'elle avait reprise à un ennemi démoralisé.

La Turquie promit tout ce qu'on voulait et naturellement ne tint pas ses promesses. Avait-elle des intentions honnêtes? c'est une autre question que je

n'examine pas. Ce qui est sûr, c'est que ses hommes
d'État n'avaient aucun souci de loyauté. Enver Pacha
et les autres têtes du Comité Union et Progrès étaient
adroits, sans scrupules, prompts à profiter de la plus
petite erreur de leurs adversaires; ils étaient tout ce
qu'on voudra, sauf honnêtes dans le sens dans lequel
on entend ce mot dans d'autres pays.

Quand la situation s'assombrit dans le centre de
l'Europe, l'Allemagne se hâta de rappeler à Enver
Pacha ce qu'elle avait fait pour l'Empire ottoman.
Enver savait à merveille que ces services étaient loin
d'avoir été désintéressés, mais il savait, aussi, qu'il
était de son intérêt de faire cause commune avec l'Allemagne, qui seule recherchait l'amitié de la Turquie.

C'est pendant cette période de crise que de grosses
sommes d'argent furent envoyées à Constantinople,
non seulement au crédit de la Turquie, mais aussi
pour le compte personnel d'Enver Pacha, du Cheik-
ul-Islam et de plusieurs membres influents du Comité
Union et Progrès. On sut aussi qu'une mission allemande, commandée par un officier de haut rang (le
général Liman von Sanders) était sur le point de
partir pour la Turquie, pour être mise au service du
Sultan dans le but de hâter la réorganisation de
l'armée turque sur le modèle allemand.

La Russie fit des objections à l'envoi de cette mission; elle sentait que c'était un coup dirigé contre elle
et qu'on se proposait, un jour ou l'autre, de provo-

quer la rupture de ses relations avec la Porte, qui avaient été jusque-là tolérables. L'ambassadeur de Russie à Constantinople, M. de Giers, bien qu'il ne fût pas tout à fait un Talleyrand, était un excellent diplomate, consciencieux et de beaucoup d'expérience, qui connaissait très bien l'Orient, et les Turcs mieux encore. Il s'empressa d'écrire à son gouvernement que cette intervention de l'Allemagne dans les affaires intérieures de l'empire ottoman amènerait certainement les plus fâcheux résultats, peut-être même des résultats tout à fait inattendus. M. Sazonov fit demander alors l'ambassadeur d'Allemagne à Pétersbourg, le comte de Pourtalès, pour avoir une explication. Celui-ci répondit que le cabinet de Berlin n'avait aucune intention d'intervenir, d'aucune manière, dans l'administration de l'Empire turc et que la mission du général Liman von Sanders n'était que la continuation d'une autre, qui avait été précédemment à Constantinople sous la direction du feld-maréchal von der Goltz. M. Sazonov reçut l'assurance que la mission avait un caractère purement militaire et que les officiers qui en faisaient partie, avant de partir pour Constantinople, avaient reçu l'ordre de résigner leurs commissions dans l'armée allemande avant d'offrir leurs services au Sultan. Il s'exprima dans les termes les plus conciliants, allant jusqu'à offrir de restreindre le champ d'action du général Liman von Sanders à l'Asie Mineure, où il commanderait de jeunes recrues

et ne serait pas en situation d'exercer la moindre
influence à Constantinople et dans la Turquie d'Europe, où était concentrée la plus grande partie des
forces ottomanes.

Le ministère russe des Affaires étrangères tint pour
satisfaisantes les explications du comte de Pourtalès et
on donna aux journaux l'ordre de s'abstenir doréna-
vant de critiques sur la mission du général von Sanders. Le tsar était personnellement tout à fait convaincu des dispositions pacifiques de son impérial
cousin de Berlin. Le gouvernement anglais, aussi,
pour une raison ou pour une autre, crut préférable de
fermer les yeux sur l'envoi de tant d'officiers allemands à Constantinople.

Un mois ou deux plus tard, en juin, l'empereur
Guillaume II invita une escadre anglaise à venir à
Kiel et se montra d'une politesse exceptionnelle pour
son commandant, l'amiral sir Georges Warrender.
L'Empereur exprima même le désir d'être autorisé,
en sa qualité d'amiral anglais, à passer une revue de
l'escadre. Au dîner qu'il donna à cette occasion, il
parla, dans les termes les plus flatteurs, du plaisir
qu'il avait à recevoir à sa table des officiers appartenant à la glorieuse flotte anglaise. Par une coïncidence curieuse, au même moment, des officiers d'une
autre escadre anglaise étaient reçus à Pétersbourg.

Ce fut pendant la visite de l'escadre à Kiel qu'eut
lieu l'assassinat de l'archiduc François-Ferdinand à

Serajevo. Quelques jours plus tard, juste avant de partir pour la Norvège, Guillaume II fit envoyer un message chiffré à Enver Pacha, qui immédiatement obéit comme à un ordre et accourut à Berlin. Il y passa deux jours en conférence avec le général de Moltke, le chef d'état-major de l'armée, mais il ne vit pas l'Empereur. Ce ne fut que beaucoup plus tard que j'entendis parler de ce voyage, qui avait une beaucoup plus grande importance qu'on n'aurait pu le supposer au moment même. Je n'étais pas à Berlin pendant la courte visite d'Enver; ce qu'on m'en a dit ne m'a pas éclairé sur le caractère exact des instructions qu'il a dû recevoir. Plus tard on m'a rapporté que, dès son retour à Constantinople, Enver Pacha avait commencé à faire des préparatifs militaires. Un acte significatif fut la remise en état et le réarmement avec de l'artillerie allemande des vieux forts qui gardent l'entrée des Dardanelles. Ces mesures n'échappèrent pas aux yeux vigilants des ambassadeurs des puissances alliées, mais il n'était pas possible d'en empêcher l'exécution.

Pendant ces préparatifs, et alors que se livraient les premières batailles en France et dans la Prusse orientale, la Turquie garda une attitude tranquille et passive. Elle paraissait si effacée que M. de Giers manda à son gouvernement que peut-être il s'était trompé, lorsqu'il avait eu l'appréhension de la voir se déclarer contre la Russie. La seule personne qui ait vu clairement ce qui allait arriver, tout en se sentant impuissant à prévenir la catastrophe, fut l'ambassadeur d'Angleterre, sir Louis Mallet, qui — ses dépêches en témoignent — donna la preuve de la plus grande clairvoyance et d'une remarquable sagacité politique.

En même temps le maréchal — il n'était plus simple général — Liman von Sanders ramenait en Turquie d'Europe les nombreux régiments qui avaient été équipés et entraînés dans les plaines de l'Asie Mineure, et faisait surveiller attentivement par ses espions les mouvements des troupes russes au Caucase. Quand il sut que la plus grande partie des forces que la Russie avait dans cette région en avait été retirée, il fit prévenir le grand quartier général à Berlin qu'il était prêt à toute éventualité. Faut-il voir une coïncidence ou le résultat d'un plan concerté dans le fait que, quelques jours après l'envoi de l'avis du maréchal, la Turquie jugea le moment venu de faire bombarder par ses navires plusieurs villes du littoral du Caucase? La guerre n'était pas encore déclarée et la Turquie fit des excuses pour cette agression. On a dit tout bas à Pétersbourg qu'elle avait été encouragée par l'état des esprits au Caucase, où le gouvernement russe avait découvert une vaste conspiration, mais je n'ai jamais pu contrôler l'exactitude de cette rumeur.

Avant que les vaisseaux turcs eussent ouvert le feu sur des navires russes et des villes pacifiques comme Odessa et Batoum, il y avait eu plusieurs conférences entre Enver Pacha et l'ambassadeur d'Allemagne, le baron von Wangenheim. Le baron dit à Enver Pacha qu'on ne pouvait promettre à la Turquie ni récompense ni compensation dans les Balkans; un agrandissement ou une reprise de ce côté seraient la source inévitable de nouveaux conflits, la Roumanie, la Serbie, la Bulgarie ayant toutes des vues auxquelles elles ne renonceraient jamais dans les régions balkaniques. Il ne restait donc que l'Égypte, l'Algérie et les provinces russes formant une partie du Caucase. L'Égypte spécialement était l'enjeu sur lequel l'Allemagne et Enver Pacha qui, avec le Comité Union et Progrès, représentait le seul parti qui eût quelque chose à dire quant aux futures destinées de l'Empire ottoman, pouvaient facilement s'entendre.

Il peut sembler déshonorant pour un homme dans ma situation de dévoiler ces complicités, mais le monde verra avant longtemps que je dis la vérité. Je sais que le maréchal Liman von Sanders avait des instructions spéciales concernant la campagne qui devait être dirigée contre le canal de Suez, et qu'un grand nombre d'officiers d'état-major avaient été mis à sa disposition pour organiser un raid en territoire égyptien au premier moment favorable. En même temps il était entendu qu'au cas de victoire, le khédive Abbas Hilmi devrait accepter une garnison moitié turque, moitié allemande, et que l'Égypte, bien que nominalement sous la suzeraineté du Sultan, serait administrée par l'Allemagne et deviendrait, en fait, à tous points de vue utiles, une colonie allemande. En échange de cette concession, la Turquie devait recevoir la somme qu'elle, ou plutôt qu'Enver Pacha lui-même demanderait. Enver serait nommé gouverneur à vie de l'Égypte, Abbas étant rendu à la vie privée avec une belle pension. En dehors de cela, Kars devait faire retour à la Turquie, l'Algérie et quelques provinces anglaises de l'Inde deviendraient des colonies turques (1) et de Constantinople on ferait une ville neutre. Telles étaient les grandes lignes de l'arrangement qu'on avait conclu.

J'ai dit avec quelque insistance ce que je pense de cet épisode des relations germano-turques ; il me paraît instructif pour plus d'une raison, dont la plus grave est qu'il prouve avec quelle préméditation la guerre actuelle a été préparée. En se plaçant exclusivement à ce point de vue, l'acte de Guillaume II mérite d'être examiné avec une attention particulière parce qu'il est lourd de conséquences impossibles à prévoir aujourd'hui, mais qui peuvent un jour — toutes les craintes sont permises — entraîner la ruine complète de l'empire allemand.

(1) Sous le même régime que l'Égypte, il est permis de le penser. (Note du traducteur.)

CHAPITRE XXIII

L'ÉGYPTE EN JEU

Les desseins de l'Allemagne reçurent un coup
sérieux quand, il y a peu de mois, le gouvernement
anglais déposa Abbas Hilmi et érigea le siège khédivial en trône de sultan. Hussein Kemal, à qui fut con-
férée cette haute situation, est un homme d'une grande
culture, ardent patriote, et un ferme partisan du
régime anglais. Il est le second fils de feu le khédive
Ismaïl et l'oncle, par conséquent, d'Abbas Hilmi. Le
prince Hussein a été soupçonné plus d'une fois, même
du temps de son père et plus tard sous le règne de
son frère Tewfik Pacha, d'avoir conspiré avec l'idée
de devenir souverain de l'Égypte. D'après ce que je
sais personnellement de lui, je ne crois pas qu'il se
serait associé au projet de renverser son père ou son
frère, mais je ne doute pas qu'il eût souhaité d'avoir
un rôle dans le gouvernement de l'Égypte au lieu
d'être tenu soigneusement à l'écart, comme il le fut
pendant un grand nombre d'années. C'était un honnête homme qui aimait l'Égypte et, pour parler crû-

ment, qui n'était pas assez fou pour ne pas voir tout
ce que l'Égypte avait gagné depuis que les Anglais s'y
étaient établis et avaient pris à tâche d'en développer
les immenses ressources. A maintes reprises il avait
insisté auprès de son neveu Abbas sur la nécessité de
rester d'accord avec l'Angleterre. Mais le khédive,
entièrement sous l'influence de la Turquie et de ses
nombreux amis allemands, persista sottement à rêver
de détruire le régime anglais.

Malgré la véhémence des protestations de sympathie
qu'il recevait d'Abbas Hilmi, Enver Pacha n'avait pas
la moindre intention de le soutenir au delà d'un
certain point. Mahomet V, d'autre part, ne comptait
pas. La seule personne qui eût quelque affection pour
Abbas, et qui le protégeait encore, était le vieil Abdul
Hamid, dont le khédive s'était appliqué à conquérir et
à garder le cœur, et qui, comme je l'ai dit dans un
précédent chapitre, avait aidé son protégé de son
argent en plus d'une occasion. Abbas Hilmi profes-
sait les vrais principes de l'Islam, se déclarait opposé à
toutes les innovations introduites par le parti qui avait
renversé Abdul, et l'ancien sultan lui en était reconnaissant. Aussi avait-il fait ce qu'il pouvait pour lui et
lui avait-il souvent donné des conseils, le faisant profiter de sa longue expérience des choses politiques. Malheureusement il ne trouva pas en lui un élève docile.
Abbas ne pouvait pas être honnête, même vis-à-vis du
seul homme qui eût de l'affection pour lui, et il

avait simplement flatté Abdul Hamid parce qu'il espérait hériter de la grosse fortune qu'il savait mise par celui-ci en sécurité, à l'abri des convoitises d'Enver Pacha. C'était un jeune homme très fin pour tout ce qui concernait ses intérêts matériels, et il montrait plus de sagacité à ce point de vue qu'en politique. Quand il vit que sa position au Caire n'était plus sûre, il s'arrangea pour hypothéquer ses biens autant qu'il le put et fit disparaître ce qui était mobilisable pour le soustraire à la confiscation qu'il devinait inévitable, le jour où l'Angleterre ouvrirait les yeux sur ses agissements. Quand il quitta le Caire, au printemps 1914, pour aller passer son congé annuel à Constantinople, il emporta avec lui la presque totalité du mobilier du palais Abdin, ayant plus que le pressentiment qu'il n'y reviendrait pas.

Peu discret, il avait été assez fou pour dire plus d'une fois à ses amis qu'il s'était arrangé pour obtenir les bonnes grâces et la faveur de l'empereur allemand et qu'il pouvait compter sur la protection de l'Allemagne, si des difficultés s'élevaient entre lui et l'agent de l'Angleterre, lord Kitchener; et en conséquence, même avant que ne fût posée la question de sa déchéance, l'impression au Caire était que son départ pour son congé habituel serait sans retour.

Quand j'écrivais les pages dans lesquelles j'ai décrit les combinaisons préparées en vue d'une agression turque sur Suez, je ne pensais pas qu'un coup hardi

de la diplomatie anglaise allait trancher le nœud gor-
dien d'une situation pleine de dangers, en montrant
à Abbas Hilmi ce qu'on risque à essayer d'être trop
habile. Je ne m'attendais pas du tout à voir le cabinet
de Londres mettre aussi vigoureusement en échec
l'empereur Guillaume et son influence en Turquie.

Je ne puis que confirmer ce que j'ai dit dans les précédents chapitres de ce livre sur les desseins de l'Allemagne en Égypte. Je dois répéter mon cri d'alarme,
car je sais que rien n'est changé dans les intentions de
l'Empereur (I). Il est décidé à faire un effort énergique
et à fournir à la Porte et à ses dirigeants sans principes toute l'aide possible; car il sait que, seule, la
Turquie peut, en faisant appel à toutes les forces de
l'Islam dans le monde, saper les fondations de l'Empire britannique.

Une des raisons maîtresses pour lesquelles l'Allemagne a entrepris cette guerre terrible, c'est qu'elle
croit avoir besoin de s'agrandir. Malheureusement elle
n'a pas trouvé le secret d'une bonne politique colo-
niale. Son système, à l'intérieur ou à l'extérieur, consiste dans une organisation militaire renforcée par des
procédés vexatoires d'espionnage et des méthodes
tyranniques. Le militarisme a été introduit par le

(1) Il faut se souvenir que ce livre a été publié en Angleterre
avant que se fût produit le grand effort de l'Allemagne vers
l'Orient, avant l'intervention de la Bulgarie et l'envahissement de
la Serbie. (Note du traducteur.)

prince de Bismarck, qui, par la force de sa puissante personnalité, lui a permis de prendre de profondes racines dans toute la nation. Mais le prince de Bismark était un homme de génie; il l'a prouvé par la manière dont il a conduit les deux grandes guerres qui ont fait l'unité de l'Allemagne. Ce furent des guerres cruelles et féroces; elles ont été menées avec une dureté impitoyable, mais elles n'ont pas déshonoré la civilisation et l'Allemagne n'a pas eu à rougir en face de la réprobation d'un monde révolté et outragé, comme elle a aujourd'hui des raisons de le faire.

Pour en revenir au destin du khédive Abbas Hilmi, celui-ci, malheureuse victime de son ambition et de sa présomption, n'éprouva pas le chagrin qu'on eût pu croire, quand il apprit qu'il était dépossédé de son trône. Il avait mis sa confiance dans la puissance de la Turquie, remorquée par l'Allemagne; il comptait sur elle pour le réinstaller et il a dit à ses amis qu'il n'était pas autrement fâché de la tournure des événements, parce qu'ils lui donneraient le droit, quand il rentrerait au Caire, de se défaire de son oncle incommode, le prince Hussein, dont l'usurpation a été sanctionnée par son ennemie l'Angleterre. Il avait la conviction qu'il était un martyr, et les cabinets allemand et autrichien lui déclaraient qu'il avait été victime de son honnêteté.

A Constantinople on approuvait chaudement sa conduite et on le représentait aussi comme un homme souffrant pour la cause de l'Islam. Cependant, quand il demanda à rester définitivement — ou du moins jusqu'au retour de jours meilleurs — dans le palais qu'il y possède, on lui fit comprendre poliment que sa présence pourrait devenir une source d'embarras pour le gouvernement turc. On lui offrit le choix entre deux alternatives : accepter de prendre le commandement du corps d'armée turc destiné à marcher contre Suez, ou voyager à l'étranger. Abbas n'avait aucun désir de s'exposer personnellement aux dangers d'une expédition, bien qu'il ne cessât de dire qu'il était prêt à verser la dernière goutte de son sang pour le triomphe des principes sacrés de l'Islam. Il décida alors que le mieux pour lui était d'aller à Vienne, où il trouva un chaleureux accueil auprès du comte Berchtold et du vieil Empereur. Il fut aussi en grande faveur dans la société viennoise. Mais, quand l'idée lui vint d'aller à Berlin, l'ambassade d'Allemagne lui laissa entendre que, l'Empereur n'étant pas dans sa capitale, il valait mieux ajourner sa visite. Il offrit de se rendre auprès de Guillaume II, à son quartier général — où deux princes turcs, neveux du sultan, avaient été aimablement reçus; — on l'en dissuada de même.

Le motif était que l'empereur Guillaume se rendait parfaitement compte que l'ex-Khédive n'hésiterait pas à agir contre l'Allemagne comme il l'avait fait contre l'Angleterre et, surtout, qu'Abbas n'avait plus aucune influence personnelle sur l'opinion publique en Égypte. Se voyant repoussé par ceux dont il était disposé à suivre aveuglément les conseils, il erra dans le sud de l'Allemagne et dans le nord de l'Italie. Désemparé, il écrivit à Enver Pacha pour savoir ce qu'il devait faire. Celui-ci lui dit de revenir à Constantinople.

Telle est la situation à l'heure où je termine ce livre, du moins en ce qui concerne la Turquie, les Balkans et la région du Nil. Je ne parlerai pas des diverses intrigues qui se poursuivent en Algérie, au Maroc, dans l'Inde et partout où l'Islamisme est la religion dominante. Dans la terrible lutte, l'empereur allemand n'a rien négligé et n'a hésité devant aucun moyen pouvant aider au succès de ses plans. Parmi les dupes qui auront à souffrir de son entreprise, Abbas Hilmi occupe aujourd'hui la première place; il ne serait pas impossible que la seconde fût pour Enver Pacha.

Ma tâche est remplie. J'ai essayé de mettre en lumière, dans ce livre, tout ce que je sais et beaucoup de ce que je soupçonne au sujet des grands événements qui bouleversent le monde au moment où j'écris.

On ne me pardonnera pas, je le sais, d'avoir révélé les dessous de cette vaste conspiration, mais j'aurai du moins le réconfort d'avoir libéré ma conscience.

FIN

TABLE DES MATIÈRES

PARIS

TYPOGRAPHIE PLON-NOURRIT ET Cie

RUE GARANCIÈRE, 8

PARIS

Ouvrages sur la Guerre

1914-1915-1916

1° Récits de Combattants

MARCEL DUPONT

En Campagne. Impressions d'un officier de légère. 42e édition. Un volume in-16.. 3 fr. 50

CHRISTIAN MALLET

Étapes et Combats. Souvenirs d'un cavalier devenu fantassin (1914-1915). 11e édition. Un volume in-16.......... 3 fr. 50

HENRY D'ESTRE

D'Oran à Arras. Impressions de guerre d'un officier d'Afrique (1914-1915). 7e édition. Un volume in-16.......... 3 fr. 50

LÉONCE DE GRANDMAISON

Impressions de guerre de prêtres soldats. 7e édition. Un volume in-16.. 3 fr. 50

CH. HENNEBOIS

Aux mains de l'Allemagne. — Journal d'un grand blessé. Préface d'Ernest DAUDET. 5e édition. Un volume in-16........ 3 fr. 50

Baron C. BUFFIN

La Belgique héroïque et vaillante. — *Récits de combattants.* 5e édition. Un volume in-16............................ 3 fr. 50

† PAUL LINTIER

Avec une batterie de 75. *Ma Pièce.* Souvenirs d'un canonnier. 4e édition. Un volume in-16............................ 3 fr. 50

RENÉ MILAN

Les Vagabonds de la gloire. Campagne d'un croiseur. 4e édition. Un volume in-16.................................... 3 fr. 50

2° Ouvrages relatifs à la guerre

HENRY BORDEAUX

Trois Tombes. Un volume in-16................... 3 fr. 50

CHARLES LE GOFFIC

Dixmude. Un chapitre de l'histoire des fusiliers marins. (Prix Lasserre 1915.) 77e édition. Un volume in-16....... 3 fr. 50

EYDOUX-DÉMIANS

Notes d'une infirmière (1914). 9e édition. Un volume in-16. Prix.. 3 fr.

HERVÉ DE GRUBEN

Les Allemands à Louvain. Souvenirs d'un témoin. 6e édition. Une brochure in-16.................................... 2 fr.

GUSTAVE BABIN

La Bataille de la Marne. 8e édition. Un volume in-16 avec 9 cartes. Prix.. 2 fr.

JOSEPH BOUBÉE

La Belgique loyale, héroïque et malheureuse. Un vol. in-16. 3 fr.

GRAVES

Souvenirs d'un agent secret de l'Allemagne. Un volume in 16. Prix.. 3 fr. 50

RENÉ MOULIN

La Guerre et les Neutres. 2e édition. Un volume in-16. 3 fr. 50

PAUL FLAT

Vers la Victoire. 2e série. Un volume in-16.......... 1 fr. 50

ÉNÉE BOULOC

Visions de guerre et de victoire. 3e édition. Un volume in-16. Prix.. 3 fr. 50

CHARLES CHENU

De l'Arrière à l'Avant. 3e édition. Un volume in-16... 3 fr. 50

REYNÈS-MONLAUR

Les Paroles secrètes. Roman. 13e édition. Un volume in-16. Prix.. 3 fr. 50

PAUL BOURGET

Le Sens de la Mort. Roman. 74e mille. Un volume in-16. 3 fr. 50

PAUL BOURGET

DE L'ACADÉMIE FRANÇAISE

Le Sens de la Mort

(74ᵉ MILLE)

Un volume in-16...................... 3 fr. 50

DU MÊME AUTEUR :

ROMANS ET NOUVELLES

Le Démon de midi. 2 vol. 39ᵉ mille.

L'Émigré. 61ᵉ mille.
L'Étape. 75ᵉ mille.
Un Divorce. 78ᵉ mille.
Le Fantôme. 32ᵉ mille.
L'Envers du décor. 17ᵉ mille.
La Dame qui a perdu son peintre. 21ᵉ mille.
Les Détours du cœur. 25ᵉ mille.
Les Deux Sœurs. 29ᵉ mille.
**Drames de famille.* 28ᵉ mille.
L'Eau profonde. 27ᵉ mille.
**Monique.* 22ᵉ mille.
Un Homme d'affaires. 19ᵉ mille.
Pastels et Eaux-fortes. Édit. déf.
Voyageuses. Édit. déf.

L'Irréparable. Édition définit.
Physiologie de l'amour moderne. Édition définitive.
Un Cœur de femme. Édit. déf.
Le Disciple. —
Mensonges. —
Cosmopolis. —
Terre promise. —
La Duchesse bleue. —
Cruelle Énigme. —
Une Idylle tragique. —
Un Crime d'amour. —
André Cornélis. —
**Un Saint.* —
Recommencements. —

CRITIQUE — VOYAGES — THÉATRE

Essais de psychologie contemporaine. 2 vol. Édit. déf.
Sensations d'Italie. Édit. déf.

Outre-mer. 2 vol. Édition déf.
Pages de Doctrine et de Critique. 2 vol. 5ᵉ mille.

Études et Portraits. 3 vol.

Un Divorce. 6ᵉ édition.
Un Cas de conscience. 1 fr. 50

La Barricade. Chronique 1910. 9ᵉ éd.
Le Tribun. Chronique de 1911.

Édition in-8ᵉ des œuvres complètes sur papier vergé. Chaque volume : 8 francs

L'astérisque * indique les ouvrages qui peuvent être mis entre toutes les mains ; la lettre (A) les ouvrages couronnés par les Académies.

Vᵗᵉ E.-M. DE VOGÜÉ

DE L'ACADÉMIE FRANÇAISE

Les Morts qui parlent.	*Jean d'Agrève.*
Roman. 23ᵉ édit. . 3 fr. 50	Roman. 13ᵉ édit. . 3 fr. 50
Le Roman russe.	*Syrie, Palestine, Mont*
12ᵉ édit. . . . . . 3 fr. 50	*Athos.* 7ᵉ édit. . . . 4 fr.
Maxime Gorky. 3ᵉ éd. 1 fr. »	*Pages choisies.* 3ᵉ éd. 3 fr. 50

J.-K. HUYSMANS

ŒUVRES DIVERSES :

L'Art moderne. 3ᵉ édit.	*Croquis parisiens. — A Vau-*
Certains (critique d'art). 5ᵉ édit.	*l'eau. — Un Dilemme.* 4ᵉ édit.
En Rade. 6ᵉ édit.	*De tout.* 8ᵉ édit.

Là-Bas. 33ᵉ édit.

ŒUVRES CATHOLIQUES :

En Route. 38ᵉ édit.	*L'Oblat.* 24ᵉ édit.
La Bièvre et Saint-Séverin. 6ᵉ éd.	*Les Foules de Lourdes.* 32ᵉ édit.
La Cathédrale. 36ᵉ édit.	*Pages catholiques.* 8ᵉ édit.
Sainte Lydwine de Schiedam.	*Trois églises et trois primitifs.*
19ᵉ édit.	5ᵉ édit.

Chaque volume. . . . . 3 fr. 50

EUGÈNE FROMENTIN

Dominique. Roman. 49ᵉ édit.	*Une Année dans le Sahel.*
Un Été dans le Sahara. 26ᵉ édit.	14ᵉ édit.

Chaque volume. . . . . . 3 fr. 50

Lettres de jeunesse. 5ᵉ édit.	*Correspondance et Fragments*
Les Maîtres d'autrefois. 24ᵉ éd.	*inédits.* 3ᵉ édit.

Chaque volume. . . . . . 4 fr.

MAURICE MAINDRON

Le Tournoi de Vauplassans. Roman. 6ᵉ édit. (A). . . . . . 3 fr. 50

JEAN MORGAN	† G. FEUILLOY
Un Enfant dans la foule. 4ᵉ éd.	*Autobiographie de Henri Stan-*
Parmi les ruines. 5ᵉ éd.	*ley,* publiée par sa femme et traduite par G. FEUILLOY.
Chaque volume. 3 fr. 50	Deux vol. Chaque. 3 fr. 50

Les auteurs dont le nom est précédé d'une croix † sont morts au champ d'honneur.

ANDRÉ LICHTENBERGER

Mon Petit Trott (A). 80ᵉ édit. | *Père*. 4ᵉ édit.
La Petite Sœur de Trott (A). 46ᵉ édit. | *Rédemption*. 3ᵉ édit.
Line. 21ᵉ édit. | *La Mort de Corinthe* (A). 7ᵉ édit.
Portraits de jeunes filles. 13ᵉ éd. | *L'Automne*. 5ᵉ édit.
Portraits d'aïeules. 7ᵉ édit. | *Juste Lobel, Alsacien*. 13ᵉ édit.
Notre Minnie. 18ᵉ édit. | *Petite Madame*. 26ᵉ édit.
Contes de Minnie. 12ᵉ édit. | *Le Petit Roi*. 19ᵉ édit.
| *Le Sang nouveau*. 16ᵉ édit.

† PAUL ACKER

Les Exilés. Roman. 19ᵉ édit. | *Le Beau Jardin* (Notes sur l'Alsace). 6ᵉ édit.
Les Deux Cahiers. 9ᵉ édit. | *Le Soldat Bernard*. Roman. 3ᵉ édit.
Les Demoiselles Bertram. Roman. 9ᵉ édit. |

Œuvres sociales des femmes. 2ᵉ édition.

ANDRÉ BEAUNIER

La Révolte. Roman. 6ᵉ édit. | *Visages d'hier et d'aujourd'hui*.
Visages de femmes. 4ᵉ édit. | *Le Sourire d'Athèna*. 3ᵉ édit.
Les Idées et les Hommes. 1ʳᵉ sér. | *L'Homme qui a perdu son moi*. Roman. 9ᵉ édit.
— — 2ᵉ sér. |

Les plus détestables bonshommes. 2ᵉ édit.

DANIEL LESUEUR

Nietzschéenne. 32ᵉ édit. | *Le Droit à la force*. 22ᵉ édit.
Flaviana, princesse. 20ᵉ édit. | *Chacune son rêve*. 18ᵉ édit.

Au Tournant des jours. 15ᵉ édit.

† DU ROURE | † DACRE

Vie d'un heureux. Roman. | *La Race*. Roman.

RENÉ MILAN

La Mère et la Maîtresse. Roman. | *La Race immortelle*. Roman.

M. PALÉOLOGUE | DELLY

Rome. 9ᵉ édition. | *Entre deux âmes*. 12ᵉ éd. Roman.
Dante. 3ᵉ édition. | *Esclave ou Reine*. 11ᵉ éd. —

Tous les volumes de cette page sont à 3 fr. 50

JULIETTE ADAM	AVELINE
Chrétienne. 30ᵉ édit. 3 fr. 50	*C'était à Berlin.*
Païenne. 31ᵉ édit. . . 3 fr. 50	Roman. 4ᵉ édit. . . 3 fr. 50

JACQUES DES GACHONS

Dans l'ombre de mes jours. 4ᵉ édit.

Vivre la vie. 6ᵉ édit.   *Le Chemin de sable.* 4ᵉ édit.

Comme une terre sans eau... 5ᵉ édit.

Romans . . . . 3 fr. 50

TH. DOSTOÏEVSKY

ROMANS :

Les Pauvres Gens . . 3 fr. 50	*Le Crime et le Châti-*
Souvenirs de la Mai-	*ment.* 23ᵉ édit. . . . 3 fr. 50
son des Morts. 14ᵉ éd. 3 fr. 50	*Humiliés et offensés.* 6ᵉ éd. 3 fr. 50

Les Frères Karamazov. 6ᵉ édit.   3 fr. 50

ÉDITH WHARTON	AVESNES
Chez les heureux du monde.	*La Vocation.*
Roman. 9ᵉ édit. . 3 fr. 50	Roman. 4ᵉ édit. . 3 fr. 50
Sous la Neige.	*Journal de bord d'un aspirant.*
Roman. 3ᵉ édit. . 3 fr. 50	4ᵉ édit. . . . . . 3 fr. 50

† A. YVAN	† G. DE CASSAGNAC
Les Gédéon.	*L'Agitateur.*
Roman. 4ᵉ édit. . . 3 fr. 50	Roman. 7ᵉ édit.. . 3 fr. 50

† FORESTIER	† DEROURE
La Pointe-aux-Rats.	*L'Éveil.*
Roman . . . . . 3 fr. 50	Roman. 4ᵉ édit.. . 3 fr. 50

† CORNET (Capit.)	† DE RIVASSO
Au Tchad . . . . . . 4 fr.	*L'Unité d'une pensée.*
A la conquête du Maroc-Sud.	Essai sur l'œuvre de M. Paul
Prix . . . . 4 fr.	Bourget. . . . . . 3 fr. 50

† LÉO BYRAM	† AD. DARVANT
Les Amis de mon ami Fou	**La Vie de garçon de Luce.*
Than. Roman . . . 3 fr. 50	Roman . . . . . . 3 fr. 50

A LA MÊME LIBRAIRIE

Dixmude. *Un chapitre de l'histoire des fusiliers marins
(7 octobre-10 novembre 1914)*, par Ch. Le Goffic, 75e édition.
Un volume in-16 avec deux cartes et douze gravures. 3 fr.
(Prix Lasserre 1915.)

En Campagne (1914-1915). *Impressions d'un officier de
légère*, par Marcel Dupont. 40e édition. Un volume in-16.
Prix . . . . 3 fr. 50

D'Oran à Arras (1914-1915). *Impressions de guerre d'un
officier d'Afrique*, par Henry d'Estre. 5e édition. Un volume
in-16 . . . . 3 fr. 50

Étapes et Combats. *Souvenirs d'un cavalier devenu fantassin*,
par Christian Mallet. 7e édition. Un volume in-16. 3 fr. 50

Impressions de guerre de prêtres soldats, recueillies
par Léonce de Grandmaison. 4e édition. Un volume in-16.
Prix . . . . 3 fr. 50

Les Vagabonds de la gloire. *Campagne d'un croiseur
(août 1914-mai 1915)*, par René Milan. Un volume in-16.
Prix . . . . 3 fr. 50

Avec une batterie de 75. **Ma Pièce.** Souvenirs d'un canonnier
(1914), par Paul Lintier. Un volume in-16 . . . . . . 3 fr. 50

Journal d'un grand blessé. **Aux mains de l'Allemagne**, par
Ch. Hennebois. Préface d'Ernest Daudet. 4e édition. Un
volume in-16 . . . . 3 fr. 50

La Belgique héroïque et vaillante. **Récits de combattants**, recueillis par le baron C. Buffin. Préface de M. de Broqueville,
ministre de la guerre. 6e édition. Un volume in-16 avec 34
gravures hors texte et 14 cartes . . . . 3 fr. 50

Les Allemands à Louvain. *Souvenirs d'un témoin*, par
M. Hervé de Gruben. Préface de Mgr Simon Deploige. 6e édition. Un volume in-16 . . . . 2 fr.

Notes d'une infirmière (1914), par M. Eydoux-Démians.
9e édition. Un volume in-16 . . . . 3 fr.

La Belgique loyale, héroïque et malheureuse, par
Joseph Boddée. Préface de M. H. Carton de Wiart. Un
volume in-16 . . . . 3 fr.

De l'arrière à l'avant, par Charles Chenu, ancien bâtonnier.
3e édition. Un volume in-16 . . . . 3 fr. 50

**Souvenirs d'un agent secret de l'Allemagne (A.-K.
Graves).** Traduit de l'anglais par la baronne A.-L. d'Eppin-
ghoven. Un volume in-16 . . . . 3 fr. 50

La Syrie de demain, par Nadra Moutran. Un volume in-8°
avec cartes et un graphique . . . . 6 fr.

La Bataille de la Marne *(6-12 septembre 1914)*, par Gus-
tave Babin. 8e édition. Un vol. in-16 avec neuf cartes. 2 fr.

PARIS. TYP. PLON-NOURRIT ET Cie, 8, RUE GARANCIÈRE. — 21604.